MARKUS DEWALD

KELTEN KÜRBIS KULTE

MARKUS DEWALD

KELTEN KÜRBIS KULTE

Kleine Kulturgeschichte von Halloween

Jan Thorbecke Verlag

INHALT

HALLOWEEN – GRAUENHAFT GUT!

Halloween, die »Nacht des Grauens« am 31. Oktober, wird immer beliebter. Grinsende Geisterfratzen, aus Kürbissen geschnitzt, Schreckensmasken und Gummispinnen starren uns aus den Auslagen der Spielzeuggeschäfte an. Kürbisbauern und Einzelhandel, Gastronomie und professionelle Kostümproduzenten wittern das große Geschäft. Allerorten künden Plakate mit Kürbisgeistern von Halloween-Veranstaltungen: Kinderumzug mit Lampions, Rüben- oder Kürbisgeister-Basteln, gruselige Partys, gastronomische Spuk-Dinners mit Halloween-Spezialitäten oder verkaufsoffener Vorabend mit schaurigen Events. Halloween hat seit einigen Jahren Konjunktur, und so kann jedes Mittel recht sein, Umsatz und Gewinn zu steigern. Spielt dabei die Frage, was Halloween eigentlich ist, überhaupt noch eine Rolle?

Heidnisch-keltischen Ursprungs sei dieses Fest, so liest man in der Boulevardpresse. Und auch etwas seriösere Presseorgane kommen über einige Gemeinplätze zu den vermeintlichen Wurzeln dieses Festes nicht hinaus. Die journalistischen Deutungen sind nicht frei von Irritationen und Ratlosigkeit, was sie jedoch für das Publikum umso spannender und geheimnisvoller macht. Interessanterweise haben katholische Iren im 19. Jahrhundert dieses vermeindlich »vorchristlich-heidnische«, das heißt heidnische Fest mit nach Amerika gebracht. Doch warum feiern gerade die Katholiken ein »heidnisches« Fest aus keltischer Zeit? Und was haben erleuchtete Kürbisköpfe mit dem folgenden christlichen Feiertag Allerheiligen zu tun?

Ein Nachdenken über Herkunft und Sinn dieses Festes ist letztlich ja auch nicht wichtig, zumal der Spaßfaktor im Vordergrund steht. Eine wissenschaftliche Auseinandersetzung mit Inhalten und kulturellem Gehalt dieses Festes wäre nur hinderlich. Hauptsache, der Halloween-Event macht einen Heidenspaß in einer ansonsten so trostlosen Jahreszeit. Mit der Übernahme dieses Gruselfestes verkürzt man das mühsame Warten auf den 11. 11., jenen Tag, an dem zumindest in katholisch geprägten Gegenden die Karnevals- oder Fastnachtssaison eröffnet wird.

Halloween, von den USA als neuer Trend in der Freizeit- und Spaßkultur nach Europa gebracht, hat in unserer säkularen Welt eine Begeisterung ausgelöst, Phantasien freigesetzt und bei den Menschen eine besondere Art von Kreativität entfaltet, die durchaus beachtenswert ist. Je bizarrer und schriller die Party, desto besser. Menschen, die an einer Maskierung à la Fastnacht oder Karneval bislang keinen Gefallen finden konnten, finden es chic, so schrill wie nur möglich auf Halloweenpartys in Erscheinung zu treten. Ist das Fest auf dem Weg, populärer als Fastnacht zu werden?

Wer fragt noch nach dem alten Brauch, bei dem am Abend des 31. Oktober gruselig verkleidete Kinder von Haus zu Haus ziehen und mit dem typischen Spruch »Trick or Treat« bei Nachbarn, Freunden und Bekannten um Süßigkeiten bitten – und wenn sie leer ausgehen, diese Missachtung mit einem Streich belohnen? Zwar sind den meisten Deutschen zumindest oberflächlich die Bräuche dieses Festtages bekannt. Durch Fernsehsendungen und Kinofilme sowie die in Deutschland stationierten amerikanischen Soldaten hat sich der Begriff Halloween hierzulande eingebürgert. Trotzdem ist nur wenigen Deutschen und keineswegs allen Amerikanern klar, wo die Wurzeln des Festes liegen.

Das Fest Halloween – wie viele andere Festkulturen auch – ist ein komplexes Gebilde. So wie es in den 1990er Jahren nach Europa gebracht wurde, zeigt es sich in anderen Formen und Funktionen als vor seiner transatlantischen Ost-West-Wanderung im 19. Jahrhundert. Beeinflusst von zahlreichen Zeitstilen und Milieuprägungen hat Halloween in den USA eine spezifische Integrationsgeschichte durchlebt. Das aktuelle Gestaltkonglomerat ist im Laufe der Geschichte zeitlich und regional unterschiedlichen Einflüssen, symbolischen Aufladungen und Funktionsverschiebungen ausgesetzt gewesen. In dem Zustand, in dem sich Halloween heute präsentiert, wird es sicherlich nicht leicht, manchmal auch völlig unmöglich sein, Ursprünge, Entwicklungswege und Transformationen freizulegen.

Grundlage für die Etablierung des Halloweenfestes bot sicherlich der staatlich anerkannte Feiertag Allerheiligen, der jedoch im Laufe der Zeit – von einem kurzen Friedhofsbesuch abgesehen – nicht mehr für das kirchliche Fest genutzt wurde. Unsere heutige erlebnisgesellschaft bedurfte also eines Freizeitfüllers für Allerheiligen und da kam Halloween gerade wie gerufen. Dazu passt die Forderung der Hamburger Initiative »Halloween for Holiday«, einen Extratag am Gruseldatum einzuführen.

Dieses Buch ist lediglich ein erster Versuch, sich mit dem Phänomen Halloween in Gegenwart und Vergangenheit auseinander zu setzen. Unternehmen wir dennoch den Versuch, einige Fragen zu klären, kritische Anmerkungen zu machen, Anregungen zu formulieren, einige Elemente, Etappen und – soweit möglich – Wurzeln dieses Festes freizulegen.

Halloween gibt den Anlass – nur: Was wird eigentlich gefeiert?

KULTUR UND ÖKONOMIE

Halloween boomt – warum gerade jetzt?

Halloween, ein transatlantischer Reimport – warum gerade jetzt? Ein Blick auf die europäische Kulturlandschaft genügt: Der Brauch-Import aus den USA verortet sich in einer Gesellschaft, die mit diesen Formen einer amerikanischen Unterhaltungs- und Vergnügungskultur offen und positiv umgeht. Halloween wird als jung, frech, frisch und witzig, umgekehrt aber auch als gruselig und modern eingestuft. Interessant daran ist, daß die Ausbreitung teilweise auf ein Umfeld mit alten und lebendigen Brauchtraditionen trifft, wie in historisch gewachsenen Fastnachts- und Karnevalsgegenden. In besonderem Maße ist davon das Rheinland betroffen, wo ein Forscherteam diese junge Kulturflora erfaßt und analysiert. Ein Phänomen, das wir gleichfalls für den süddeutschen wie alpenländischen Raum beobachten.

Umgekehrt müssen wir feststellen, daß Halloween auch in Städten und Gemeinden Fuß gefaßt hat, die im Hinblick auf tradierte regionale oder gar lokale Bräuche und Brauchtraditionen wenig vorzuweisen hat. Diese (neue) Form amerikanischer Kultur und Lebensart strahlt ein hohes Maß an Unverbindlichkeit aus, seine Fest- und Brauchinhalte haben profanen Charakter, sind demnach nicht an bestimmte christliche Fest- und Feiertage gebunden. Halloween ist eine Ubiquität in einer säkularen Welt.

Zweifellos enthält Halloween karnevaleske Elemente, die vielen Menschen vertraut sind und möglicherweise auch ihrer Mentalität entsprechen – Verkleiden, Maskieren, Scherz, Klamauk, Spaß und Unterhaltung. Formen und Elemente einer Festkultur wie wir sie in Fastnachts- und Karnevalslandschaften vorfinden. Mag der leidenschaftliche Fastnachter genauso begierig sich dieser neuen Festkultur zuwenden, so tut dies gleichermaßen auch derjenige, der bislang wenig Zuneigung zu dieser Form von Unterhaltungskultur gefunden hatte. Gerade in diesen Nicht-Karnevalslandschaften greift man begierig auf diese Festkultur zu: Halloween wird als Ergänzung und mehr noch als Bereicherung des Festkalenders empfunden! Gerade der lockere, freie, lose Charakter, ja das frisch-freche Klima von Halloweenpartys üben eine besondere Anziehung aus. Vielleicht ist es gerade das (bislang noch) radikal Neue, das Unbekannte, das Fremde, was die Neugierde erhöht, den Reiz, die Attraktivität steigert. Halloween trifft auf das Lebensgefühl einer Gesellschaft, das mehr vom Spaß als der Arbeit geprägt ist. Mehr noch: Die junge Generation will sich nicht mehr lebenslang auf Bräuche mit festgefahrenen Organsiationsstrukturen einlassen. Menschen suchen das Unverbindliche, das Spontane, wenn sie feiern. Sie entdecken es in den Möglichkeiten, die Halloween bietet. Ohnehin ist diese Art von Beliebigkeit Ausdruck einer neuen Alltagskultur.

Halloween boomt aber auch im stark traditionsverbundenen alpenländischen Raum. Halloween ist – zumindest bei Jugendlichen – trendy! Unübersehbar sind seit Beginn der neunziger Jahre die kulturellen Innovationen in einem Gebiet, das man eher mit traditionellem Brauchtum in verbindung bringt. Einer eigenständigen Brauchkultur, erwachsen aus dem Lebens- und Jahresrhythmus, gebunden an kirchliche Traditionen. Was steckt dahinter? Ist es der Versuch, aus den bisherigen Traditionssträngen einer alpenländischen Kultur auszubrechen? Eine Gegenbewegung zu den manchmal antiquiert anmutenden Fest- und Brauchformen?

Oliver Haid beobachtet seit vielen Jahren diese junge Kultur aufmerksam und rechnet nach diesen ersten Initiativen mit einer weiteren Ausbreitung von Halloween – vor allem als neue Festform der Jugend. Vorbildfunktion hatten Veranstaltungen in Wien und München ebenso wie in dem norditalienischen Städtchen Bologna, Riccione und Rimini, wo Halloween bereits besonders weit verbreitet ist. Zur Popularisierung des Festes trugen aktuelle Reportagen in Tageszeitungen genauso bei wie die Lektüre von Halloweenartikeln im Englischunterricht in den höheren Bildungsanstalten Österreichs und Italiens. Gerade diese Mischung unterschiedlichster Einflußfaktoren ist es, was zum Aufblühen von Halloween auf dem europäischen Kontinent geführt hat.

Trotz alledem: es mutet recht eigenartig an. Eigenartig deshalb, weshalb sich gerade dieser bislang so traditionsstarke Raum als optimaler Nährboden für eine amerikanisch-globale Festkultur gezeigt hat. Ist ein Verdrängungswettbewerb zu befürchten? Die Wahrscheinlichkeit dürfte eher gering sein! ein Verdrängungsprozeß traditionsgebundener Festformen an Allerheiligen – vor allem die Heischebräuche – findet nicht statt. Zwischen dem städtischen Halloweenfest und der Festkultur in den Dörfern der Täler klafft, so Oliver Haid, ein

»entsakralisiertes Niemandsland«. Dort wo die Distanz zum kirchlichen Allerheiligenfest und seine Vorstellungswelt besonders groß ist, entstand Platz für eine neue Festkultur.

Der Heischegang an Halloween, das »Halloweening« zeigt nämlich eine verblüffende Ähnlichkeit mit dem Krapfenbetteln bzw. -sammeln, wie es im tiroler Kulturraum für viele Orte und Täler nachzuweisen ist. Doch die Parallelität bestimmter brauchkultureller Praktiken zwischen Halloween und Allerheilienfest in Tirol, wie auch in anderen europäischen Kulturräumen, darf nicht zu dem Schluß führen, beide Bräuche hätten sich gegenseitig beeinflußt. Im Gegenteil: Schon die geographische Distanz schließt jedweden Kulturkontakt aus. Vielmehr müssen wir von unabhängigen Entwicklungen ausgehen, die sich unter ähnlichen sozio-kulturellen wie sozio-ökonomischen Voraussetzungen herausgebildet haben.

Allerheiligenfest und Halloween – kirchliches Brauchtum und profane Gegenwartskultur. So grundlegend verschieden die beide Kulturkomplexe in kulturgeschichtlicher Hinsicht sind, so sind dennoch einige Gemeinsamkeiten nicht zu übersehen. Ob der Verlust traditionalen Brauchtums zur Kompensation durch eine globale Festkultur in den Städten führt, muß die Zukunft zeigen.

Ein Fest zwischen Akzeptanz und Kritik

Halloween – ein harmloser Heischegang von Kindern? Die Nacht vor Allerheiligen, dem Tag des christlichen Totengedenkens, ist längst auf dem Weg ersatzreligiöse Funktionen anzunehmen. Halloween hat sich weitgehend vom Kindervergnügen zum lifestyle-gerechten Erwachsenenkult gewandelt und sich damit religiösen Bedeutungszuweisungen geöffnet. Im Zeichen der unsichtbaren Religion erlaubt es mit seinen Maskeraden und seinen spektakulären Interaktionen weltanschauliche, »gläubige« und säkularreligiöse Orientierungen.

Immer dann, wenn ein christliches Fest durch profane Veranstaltungen ausgehöhlt zu werden scheint, treten Vertreter der Amtskirche in Aktion, hier etwa der Wiener Kardinal Christoph Schönborn, der das eigentliche Fest Allerheiligen in Gefahr sieht. Die Begeisterung der kirchenfernen Spaßgesellschaft – die nicht zwangsläufig religionsfern sein muss – für das oberflächliche Spektakel aus den USA lässt den Kirchenmann erschaudern. Kardinal Schönborn befürchtet, dass an Halloween nicht nur Kürbisse ausgehöhlt werden, sondern mit ihnen auch Allerheiligen. Halloween sei ein »hohles Fest«, was man von den Köpfen der Heiligen nicht sagen könne.

Die katholische Kirche Guatemalas hat gegen das unheimliche Treiben ebenso protestiert wie der Erzbischof von Mailand. In Frankreich, wo das Fest sich einer ganz besonderen Beliebtheit erfreut, rief gar die Kirche zu einer Demonstration gegen die Nachtgeschöpfe auf. Das makabre Fest sei der Hässlichkeit, dem Satan und dem Bösen gewidmet. Bekannt geworden sind auch Proteste aus Südfrankreich: In St. Raphael wurde ein medienwirksamer Kreuzzug gegen Halloween gestartet und das Christliche dem »Heidnischen« entgegengesetzt. Am Vorabend zu Allerheiligen wurde zu einer großen Veranstaltung vor der Kathedrale Notre Dame de la Victoire aufgerufen, um Front gegen den Aufmarsch der Skelette, Zauberer und Phantome zu machen – sie wollten Ängste und Phantasien austreiben, wovon doch einzig und allein Christus uns befreien könne.

Diese Kritik seitens der katholischen Kirche wie aus religiös-fundamentalistischen Kreisen ist bemerkenswert. Die finsteren und daher vermeintlich »heidnischen« Elemente von Halloween führen dazu, dass in Europa, aber auch in den USA Christen das Fest deshalb (verbal) bekämpfen, weil sie in ihm eine Verherrlichung des Bösen und des Teufels sehen. Jack Kugelmass, Professor für Anthropologie in den USA, meint jedoch, dass gerade die neuheidnischen Komponenten von Halloween zu dessen Popularität beitragen. Das Fest bildet nach seiner Ansicht einen Teil einer »New Age«-Religion und stellt eine Ablehnung der christlichen Weltanschauung dar.

In die Schar der Protestierer reihte sich indessen die schwedische Akademie für Sprache und Brauchtum genauso ein wie die evangelische Kirche Württembergs, die die Sinnentleertheit von Halloween anprangerte. Nicht zufällig, da der 31. Oktober im europäischen Protestantismus als Reformationstag begangen wird. Kommerzialisierung und Entchristlichung des Abendlandes sind jedoch weit fortgeschrittene Prozesse, die nur schwer aufzuhalten sein werden. Ob allerdings der Partyspaß mit wandelnden Leichen zum stillen, christlichen Totengedenken passt, ist mehr als eine Stilfrage. Beantworten muss sie schließlich jeder selbst.

Gebrauchswert eines Festes

Ungefähr einhundert Publikationen zum Thema »Halloween« gibt es in Deutschland, mehr als eintausend Titel sind es weltweit, deren einzig gemeinsames Charakteristikum der Gebrauchswert ist: Bastel-, Mal-, Party- und Kochbücher. Die Palette an lebenspraktischen Anregungen zur Vorbereitung und Durchführung einer »richtigen« Halloweenparty reicht über unzählige Bastelanleitungen, Tips zum Schminken und Nähen einfacher Kostüme bis hin zur Herstellung von Speisen und Getränken mit »Scherzcharakter«.

Dabei offenbaren viele Autoren und Autorinnen undifferenzierte Betrachtungsweisen. So produziert man einen wahren Mischmasch aus Motiven, die wir gemeinhin mit dem Herbst in Verbindung bringen, und solchen, die eher auf Halloween hindeuten. Die Attribute werden beliebig: Neben einer »Halloween-Stimmung auf Terrakotta« kann man einen »herbstlichen Friesenbaum« gestalten, oder man hat die Auswahl zwischen einem Herbstkranz (natürlich mit Kürbis und Rabe) und einem Spukschloss aus Karton. Entsprechend der Dominanz von Gebrauchsliteratur sind die Erklärungen zur Herkunft, Geschichte und Kultur von Halloween dürftig. Doch genau so dürftig ist die Existenz (populär-)wissenschaftlicher Literatur, die sich mit dem Fest als solchem beschäftigt. Nur wenige Aufsätze sind meist versteckt in Schriftenreihen erschienen, die nur von einem kleinen Kreis von interessierten Akademikern und Laien wahrgenommen werden. So kann es nicht verwundern, wenn es (bislang) kein einziges Buch auf dem Markt gibt, das sich mit den aktuellen wie auch mit den historischen und kulturgeschichtlichen Dimensionen des Festes auseinander setzt.

Business as usual

Die Umsätze in Deutschland sind gigantisch und steigen jährlich zwischen 50 und 100 Prozent. Nach Schätzungen belaufen sich die Summen auf etwa 25 bis 30 Millionen Euro für Scherzartikel, Masken und Kostüme. Der Verband der Spielwarenindustrie in Deutschland gehört zu den heftigsten Propagierern dieser neuen Eventkultur – die Geschäfte locken, eine neue Kaufanimation zwischen Sommer und Weihnachten verspricht satte Gewinne.

In Frankreich waren besondere Marktkonstellationen die Grundlage des Booms. An erster Stelle sind auch hier wirtschaftliche Interessen zu nennen. Einmal die aggressive Marketingstrategie des größten französischen Kostüm- und Scherzartikelherstellers Masport, der nach der Fusion mit seinem Konkurrenten César ab Anfang der 1990er Jahre starke Beziehungen zum amerikanischen Markt aufgebaut hat. Zum anderen wollte der französische Einzelhandel den Beginn des neuen Schuljahres und das herbstliche Konsumtief zwischen Urlaubs- und Weihnachtsgeschäft offensiv nutzen.

In den USA, dem Mutterland des neuzeitlichen Trends, werden Beträge umgesetzt, die diejenigen von Weihnachten, Ostern, Erntedank oder Muttertag erreichen oder sogar übertreffen. Insgesamt werden knapp 8 Milliarden Dollar zur gruseligen Verschlimmbesserung der Häuser und Bewohner ausgegeben. Allein 1,5 Milliarden Dollar investieren die Amerikaner in Kostüme, die längst nicht mehr nur von Kindern getragen werden. Wie in den USA hat sich auch in Europa Halloween vom Kindervergnügen – einem präadoleszentem Distinktionsbrauch – zur Eventkultur von Jugendlichen und Erwachsenen, zum adulten Lifestyle-Brauch, weiterentwickelt.

Doch das Wichtigste an Halloween sind die Süßigkeiten: Rund ein Viertel der Jahresproduktion der amerikanischen Schokoladen- und Bonbonindustrie wird um den 31. Oktober herum verkauft. Im Jahr 2001 machte die Branche einen Umsatz von über 2 Milliarden Dollar. Allein der amerikanische Konzern Rubie, der größte seiner Branche, macht mit Kostümen und Assessoires schätzungsweise 300 Millionen Euro Umsatz in den USA.

Faszinierend ist, welche Branchen mittlerweile auf den Halloween-Kommerz-Zug aufgesprungen sind. Marktanpassung heißt die aktuelle Devise der deutschen Bauern und Gärtner. Das Geschäft mit Kartoffeln und Weizen läuft schlecht, warum also nicht knallgelbe Kürbisse anbauen? Vermarktet werden sie phantasievoll. So gibt es beispielsweise Mitte Oktober die »Europameisterschaft im Kürbiswägen« im schweizerischen Seegräben, und zum gleichen Zeitpunkt läuft im Blühenden Barock des Ludwigsburger Schlosses bei Stuttgart die »weltgrößte Kürbisausstellung«. Beide Events gehen dann nahtlos in das »European Halloween Festival« in Zürich-Oerlikon über, bei der selbstverständlich der Kürbisproduzent mit seinen Produkten vertreten sein wird. Wenn die Erwachsenen so versorgt sind, sollen Kinder und Jugendliche auch nicht abseits stehen müssenals Special-Event plant man das »Kids-Halloween-Festival«.

Wem dieser Aktionismus um Halloween zu hektisch ist, dem steht die Möglichkeit des privaten Kürbisanbaus offen. Im Kreise der Familie können Erwachsene und Kinder schon in den Frühlingstagen hoffnungsvoll auf Halloween blicken. Dank einer »Halloween-Familien-Mischung«, einer Saatmischung verschiedener Kürbissorten, gelingen mit Sicherheit Aussaat, Ernte und das Basteln von Kürbisgeistern Ende Oktober.

Und was Profi- wie Hobbygärtnern und Gemüsebauern erlaubt ist, ist dem findigen Bäcker allemal gestattet: Sie fertigen Kürbisse aus Mürbteig, und aus dem gesundheitsfördernden Brötchen mit Kürbiskernen lässt man ein Halloween-Brötchen entstehen.

Auch für die Event-Gastronomie eröffnet sich ein neues Marktsegment: das Halloween-Candle-Light-Dinner. Der Gast erscheint nicht im Abendkleid und Smoking zu Tisch, sondern als Vampir, Skelett, Frankenstein oder was immer er und sie als passend zu Halloween empfinden. Der Kürbis, ein Objekt gastronomisch-lukullischer Begierde, gilt als Event-Food. Konsequenterweise beginnt ein solches Essen mit einer Pumpkin-Suppe, gefolgt von Ochsenfilet à la Transsylvanien, Wrapped Pancakes, Spinnenfrikadellen und als Beilage grünem Kartoffelbrei. Für die Kinder gibt es Würmer in Aspik, Blutpudding garniert mit Blutbrei und Mini-Monster-Pizza. Als Snacks können Spinnenkekse, Vanilleeis mit Spinnenweben oder Süße Mäuse gereicht werden und als »special drink« gibt es für Erwachsene Ekel- oder Blutbowle, den Kindern wird ein Glas Krötenspucke gereicht.

Zudem ist diese Art von Ess- und Trinkkultur bereits in die Tiefen des Fast Food-Konsums hinabgesunken. Die bekannten Schnellimbisshallen amerikanischer Provenienz haben sich zum Trendsetter der Anti-Gourmet-Welle gemacht und Halloween konsum- und umsatzfördernd vermarktet. Angelockt von der ungewöhnlichen Dekoration und allerlei Assessoires wie Kürbismasken aus Pappkarton strömen Kinder und Jugendliche in die Konsumtempel. Es ist schon etwas Besonderes, seine Cola oder die Pommes aus einem Pappbecher mit Halloween-Motiven zu trinken und zu essen. Kulinarischen Hochgenuss verspricht das »Lecker Halloween«-Spezialmenü. Wir dürfen demnach gespannt sein, wann findige Marketing-Manager mit einem Big Mac Halloween oder einem Halloween Burger Royal de luxe den Markt für den schnellen Biss zu erobern gedenken. Mögen wir vielleicht all diese Formen der Amerikanisierung unserer Gesellschaft für bedenklich halten, so werden wir die McDonaldisierung unserer Esskultur nicht aufhalten können.

Und schließlich: Wer kennt sie nicht, jene Kaufanimationen in den Oktober- und Novemberwochen, in denen die lokale Geschäftswelt unter so werbeträchtigen Titeln wie »Goldener Oktober« oder »Leuchtender Herbst« das allgemeine Kaufinteresse zu wecken sucht. An vielen Orten steht mittlerweile die ganze zweite Oktoberhälfte unter dem Motto »Hallo Kürbis« und folgerichtig grinsen von Veranstaltungsplakaten, aus Schaufenstern und dem besonders schön dekorierten Marktwagen halloweenartige Kürbisgeister Einwohner und Gäste an. So mutiert eine profillose Marketingstrategie zum Kürbis-Herbst-Event. Auch wenn das Warenangebot zum Teil nicht das Geringste mit Halloween zu tun hat – wenn es dem Geschäft nützt, kann es nur gut sein.

Werbetechnisch lassen sich mittlerweile alle profanen und kirchlichen Fest- und Feiertage vermarkten, gleichgültig, ob es sich um Valentins- oder Muttertag, Weihnachten oder Ostern handelt. Mit Halloween wird in der »symbolverdünnten Zeit« zwischen Erntedank und protestantischem Reformationstag ein neues Fest positioniert. Gleichgültig, was seine Ursprünge sind, es hat Herzen und Gemüter der Konsumenten in demselben Maße erreicht, wie es die Kreativität der Marketing-Manager angeregt hat.

Halloween – ein Medienevent

Der amerikanische Kult um Kürbisse und schreckliche Spukgestalten findet jedes Jahr mehr Freunde. Sicher ist dafür auch das Fernsehen mitverantwortlich. In vielen amerikanischen Fernsehserien wie beispielsweise den »Simpsons« gibt es Spezialfolgen zu Halloween. Dadurch hat sich das Fest zum Allgemeingut entwickelt.

Ursprünglich hat eine Reihe von Kinofilmen zur Popularität dieses Festes beigetragen. Am Anfang stand »Halloween, die Nacht des Grauens« aus dem Jahr 1978, ein Horrorfilm von John Carpenter um den irren Mörder Michael Myers. In sechs Folgen dieses Horrorthrillers begeht er, der seine Identität unter einer Maske verbirgt, bestialische Morde, während die Menschen fröhlich und ausgelassen Halloween feiern. Nach zwanzig Jahren folgte eine Art Jubiläumsfilm: »H20«. Der totgeglaubte Michael Myers taucht erneut an Halloween auf und geht als Mörder um, um am

Ende selbst getötet zu werden. Eine Filmsequenz, die nicht nur eine Filmfigur, sondern auch Halloween populär gemacht hat. Eine in Europa nahezu unbeachtete Festkultur wurde zum Kultobjekt und gleichzeitig wurden Gruselfiguren der Unterhaltungsindustrie zu Trendsettern – der Film als klassisches Medium der Globalisierung und Internationalisierung von Kulturmustern und -stilen.

Im Horrorfilm-Genre bedienten sich die »Scream«-Filme von Wes Cravens ebenfalls dieser aktuellen Gegenwartskultur. Bemerkenswert ist der Einstieg in »Scream 1«: Ein anonymer Anrufer befragt sein späteres Opfer unter anderem nach seinem beliebtesten Horrorfilm, der, wie könnte es anders sein, natürlich »Halloween« ist. Das Fest der wandernden Seelen und Geister, das Fest mit den unterhaltsamen Heischegängen der Kinder und den gruselig gestalteten Vorgärten mutiert zum Schauplatz brutalster Mordszenen. Die Grenzen zwischen Wirklichkeit und Fiktion verschwimmen, ja verschwinden gänzlich. Maskierung und Verkleidung, ursprünglich als Instrument der Abschreckung gedacht, dienen den Mördern dazu, ihre Anonymität zu wahren.

Zur Popularisierung von Halloween hat nicht zuletzt auch die schreibende und malende Zunft beigetragen. Die große Beliebtheit der Harry-Potter-Bücher mit ihren Beschreibungen von Halloween ist dafür ein Indiz. Im Genre der Comics gibt es einen Sonderband »Disney's Halloween« und keine geringeren als Tick, Trick und Track haben die Figur des Jack-o'-Lantern als Symbol für wandernde Schreckgestalten instrumentalisiert: Mit einen Kürbis auf dem Kopf, mit langen, bunten Gewändern und grellgelben Handschuhen versuchen sie ihren Onkel Donald Duck zu erschrecken.

In nicht unbeträchtlichem Ausmaß haben auch die Vorankündigungen von Veranstaltungen und Berichterstattungen in den Presseorganen zu einer größeren Popularität von Halloween beigetragen. Auf dem Markt der Jugendzeitschriften ist seit zwei Jahren ein Trend festzustellen, der das Sujet Halloween aufgreift und – vergleichbar der Umsetzung in den aktuellen Grusel- und Horrorfilmszenerien – in Form von Bildreportagen verarbeitet.

Angesichts der immer professioneller aufgezogenen Halloweenpartys in den europäischen Freizeitparks kann es nicht ausbleiben, dass sich auch die Musikszene dieses Kulturphänomens bemächtigt. Vor allem die Popszene hat das Fest und seine speziellen Ausdrucksformen für sich entdeckt. Weltweit gibt es mehr als hundert Musik-CDs von Interpreten, die entweder spezielle Halloweensongs kreiert haben oder zumindest mit Halloween für ihre Art von Musik werben. Ganz aktuell werden seit einigen Jahren verschiedene Varianten von PC-Software angeboten.

METAMORPHOSEN EINES FESTES – HALLOWEEN ALS KARNEVALESKER EVENT?

Lustige Spiele, leckere Speisen und zornige Feen

In den Ursprungsregionen von Halloween, in Irland, Schottland und Wales, manifestiert sich auch heute noch eine Volkskultur, die sich in vielerlei Hinsicht von dem unterscheidet, was seit einigen Jahren vom nordamerikanischen Kontinent wieder zurück nach Europa gewandert ist. Es ist eine eigenartige Mischung aus Jux und Spiel, Glaube und Aberglaube, die in den Halloweenbräuchen steckt.

Werfen wir zunächst einen Blick auf die »Originale«, zumindest in dem Zustand, wie sie sich aktuell präsentieren: In Irland beispielsweise herrscht auch heute noch die Vorstellung vor, dass in dieser Nacht die Seelen der Toten in die reale Welt zurückkämen und sichtbar würden. Aus diesem Grund lässt man die

Türen angelehnt, heizt die Kamine an und stellt Essen auf den Tisch, damit die Zurückkehrenden eine wohnlich angenehme Umgebung vorfinden. Die Menschen verlassen in dieser Nacht nicht ihre Häuser, außer dann, wenn es zwingend notwendig ist. Friedhöfe werden bewusst gemieden und man dreht sich nicht um, auch wenn man hinter sich Schritte hört, denn es könnte der Tod sein, der einem auf den Fersen ist. Früher hatte man zudem große Angst, versehentlich den Zorn der Feen auf sich zu ziehen, so dass jeder, der in dieser Nacht Wasser oder Abfälle vor die Haustüre schüttete, erst einmal »Seachain« (»Vorsicht!«) rief, damit die Feen beiseite springen konnten.

Solche und ähnliche Gepflogenheiten gab es in der Vergangenheit und haben sich zum Teil bis in die Gegenwart hinein gehalten. So soll es den *puca* geben, ein böses schwarzes Tier, das sich in der Nacht von Halloween auf den Straßen herumtreibe. An diesem Abend, so glaub(t)en die Menschen, konnte einen der *puca* zu den Feen mitnehmen, und danach wurde man vielleicht nie wieder gesehen. Auch erzählten sich die Menschen, dass der *puca* auf die Beeren spucke, die noch an den Sträuchern hingen, und dass man sie danach auf gar keinen Fall mehr essen dürfe. Solche und viele andere Geschichten gehörten zum festen Bestandteil der volkstümlichen Erzählungen an Halloween.

Die Kinder bereiten sich schon Tage vorher auf ihre Umzüge vor, bei denen sie verkleidet von Haus zu Haus ziehen und um Äpfel und Nüsse, Schokolade, Biskuitgebäck und andere Süßigkeiten bitten. Danach gehen sie nach Hause und spielen Apfelschnappen (*Snap-apple-game*) oder Schwimmende-Äpfel-Essen oder *Ducking for a coin*. Diese Halloweenspiele gehen bis ins 18. Jahrhundert zurück und sind noch heute der größte Spaß der Kinder während der Allerheiligenfeiertage. Aber Halloween ist mehr als Spiel und Spaß. Es ist ein Tag, an dem es etwas Besonderes zu Essen gibt, und ein Tag der Vorausschau auf das kommende Jahr. Als Hauptmahlzeit gibt es in vielen Häusern *calcannon* und *pandy* oder *champ*, ein Gericht aus Kartoffelbrei, gemischt mit gekochtem Grünkohl und rohen gehackten Zwiebeln. Es wird in einer großen runden Schüssel mit einem Klacks Butter in der Mitte serviert, und damit die Kinder nicht nur tüchtig essen, sondern auch ihren Spaß haben, stecken in Alufolie eingewickelte Münzen darin. Ein anderes beliebtes Halloweengericht ist *boxty*, ein Küchlein aus gestampften Kartoffeln und Milch.

James Joyce beschreibt in »Clay«, einer Erzählung

aus den »Dublinern«, einige Bräuche und Geschichten um Halloween. Zur nachmittäglichen Teerunde aß man *barmbrack*, eine Art Rosinenbrot, in das ein Ring eingebacken war. Wer ihn fand, dem sollte er Heirat oder zumindest Glück bringen. Am längsten gehalten hat sich jedoch der *bairin breac*, ein großer Früchtekuchen. Der *breac* enthält einen Ring, eine Münze, einen Knopf, einen Fingerhut, ein Stückchen Holz, ein winziges Stückchen Stoff oder eine Erbse – alles Dinge, die dem Finder die Zukunft voraussagen. Der Ring bedeutet baldige Heirat, die Münze Wohlstand, der Knopf den Junggesellenstand, eine Spindel die alte Jungfrau. Das Hölzchen droht dem Finder, dass er oder sie unter der Fuchtel des Ehepartners stehen wird. Der Stoff oder die Erbse prophezeien ein Leben in völliger Armut.

Doch damit nicht genug. Um herauszufinden, wie sich die Beziehungen zwischen einem Jungen und einem Mädchen entwickeln würden, nahm man zwei Nüsse und legte sie auf einen Rost in die Torfasche des Küchenfeuers. Nach einer Weile sprang vielleicht eine der Nüsse aus dem Feuer. Dies bedeutete, dass sie ihn verlassen oder dass er mit ihr streiten würde, je nachdem, welche Nuss herausgesprungen war. Und manchmal sprang keine der beiden heraus. Sie verbrannten einfach, und das bedeutete, dass die beiden heiraten und glücklich miteinander leben würden. Zu einem anderen Spiel brauchte man vier Teller. Sie wurden auf den Tisch gestellt; in einen kam Wasser, in den anderen ein Ring, in den dritten Erde und in den letzten Stroh. Einem Mitspieler wurden die Augen verbunden; er wurde an den Tisch geführt und musste blind einen Teller wählen. Wasser bedeutete eine Reise über das Meer, der Ring die Ehe, die Erde bedeutete Tod und das Stroh Wohlstand und Glück.

In Wales sagt man, dass sich auf jedem Zaun ein Phantom befinde. Nahrungsmittel werden vor die Türe gelegt, um den herumwandernden Tod zu versorgen. Türen werden links auf- und zugemacht und besondere Vorkehrungen werden getroffen, bevor man zu Bett geht. Insbesondere richtet man den Herd für den Besuch der toten Verwandten her. In Schottland bezeichnet man die Nacht von Halloween als »Nacht des Unheils und der Verwirrung«. Die Schaurigkeit wird durch die Darstellung des Todes verstärkt, indem junge Männer maskiert herumlaufen oder mit verschleierten oder geschwärzten Gesichtern, in weißen Gewändern oder als Strohmänner verkleidet, die Menschen zu erschrecken versuchen. Die Grenze zwischen Leben und Tod ist verschwunden und ebenso ist die Trennung der Geschlechter aufgehoben. Jungen tragen Mädchenkleidung und manchmal sind Mädchen als Jungen verkleidet.

Unter dem Deckmantel, dass Geister ihr Unwesen treiben würden, verstärkt man die allgemeine Unordnung durch üble Streiche: Landwirtschaftliche Geräte wie Pflüge und Karren, aber auch Gartentüren und andere Gegenstände werden weggetragen und in Gräben oder Tümpel geworfen. Pferde werden aus der Koppel freigelassen oder auf die Felder anderer Leute getrieben. Auch der häusliche Friede ist gründlich durcheinander: Die Haustüre wird mancherorts mit Kohlköpfen wahllos vom Garten aus bombardiert, der Kamin mit Torf verstopft oder Rauch durch Schlüssellöcher in die Häuser und Wohnungen geblasen.

Diese volkskulturellen Praktiken gelangten seit der Mitte des 19. Jahrhunderts über die Auswanderer schließlich in die Vereinigten Staaten.

Halloween in Amerika

Bis zu dieser Zeit war Halloween in den USA gänzlich unbekannt. Erst seit damals verbreitete sich das Fest, als nach großen Hungerkatastrophen zahlreiche irische Einwanderer in die Neue Welt kamen und ihre Feste und Bräuche mitbrachten.

Anders als heute war Halloween im 19. Jahrhundert nicht mit Heischebräuchen verbunden. Statt dessen galt es als Nacht der Streiche. In Irland war es dabei üblich, sich als Geist zu verkleiden, um vor allem unliebsame oder betrunkene Menschen mit Streichen zu ärgern. Ähnlich war es früher in Nordamerika, wo Kinder in selbst gebastelten Kostümen umherliefen und mit »Jack-o'-Lanterns« andere zu erschrecken versuchten. Jack-o'-Lantern ist eine britische Volksfigur, die in vielen Sagen auftaucht und als Gestalt Eingang in die Halloweenkultur gefunden hatte. Jack war ein irischer Schmied, der öfter betrunken als nüchtern war und alles andere als einen soliden Lebenswandel führte. Bei einer Begegnung in einem Pub versuchte der Teufel, sich der Seele Jacks zu bemächtigen, was ihm allerdings nicht gelang. Als Jack viele Jahre später starb, kam er wegen seiner Streitsüchtigkeit und seinem knauserigen und betrügerischen Wesen nicht in den Himmel. Als er um Eingang in die Hölle bat, warf ihn auch der Teufel wieder hinaus. Da er nun kein Zuhause hatte, musste er dorthin zurückgehen, woher er gekommen war. Damit er den Weg finden möge, warf ihm der Teufel ein Stück brennender Kohle hinterher.

Jack steckte sie in eine Rübe, um das Feuer vor Wind und Regen zu schützen. Seitdem wandert Jack mit der Laterne in der Dunkelheit umher und wurde so zum Symbol einer verdammten Seele zwischen Himmel und Hölle, die bis zum Jüngsten Tag auf ihre Erlösung warten muss.

Diese Variante eines ruhelosen Geistes beruht auf einem nicht ganz ungewöhnlichen Naturphänomen. Über den vielen Sümpfen und Mooren der britischen Inseln kommt es häufig zur Entzündung der aufsteigenden Gase in Form von schwebenden und tänzelnden Lichterscheinungen, den *foolish fires*. Dies führte bei den Menschen zu der Vorstellung, dies sei das Werk eines bösartigen Geistes, so beispielsweise jenes Schmiedes namens Jack. Zur Nachahmung seiner Laterne benutzt man in den USA statt der Runkelrüben die größeren Kürbisse, die in ihrer ausgehöhlten und geschnitzten Variante den gleichen Zweck erfüllen.

Die gegenwärtig unzertrennlich mit Halloween verbundene Heischegang kam in den Vereinigten Staaten anscheinend erst in den 1930er Jahren auf und fand erst seit Anfang der fünfziger Jahre allgemeine Verbreitung. Zu ihm gehört der Spruch »Trick or treat«, was frei übersetzt »Streich oder Belohnung« bedeutet und von den Kindern gesprochen wird, wenn sie bei einem Haus eine Gabe fordern. Er kann zu einem längeren Vers ausgebaut werden: »Trick or treat / smell our feet / we want something / good to eat«. Unter nordamerikanischem Einfluss breitet sich seit den achtziger Jahren auch in Großbritannien zunehmend dieser Spruch aus. Wegen der Bedeutung Halloweens als Fest der Geister und boshaften Kreaturen ist es hervorragend für eine Nacht der Streiche und des Unfugs geeignet. Beliebt ist das Zerstören von Kürbissen und Jack-o'-Lanterns, also einen boshaften Geist zu spielen.

Zu den aktuellen Halloweenbräuchen in den USA gehören Hausdekorationen wie beleuchtete Kürbisse, das Aufstellen von Früchten und Gemüse, Erntefiguren in der Art einer Vogelscheuche sowie Hexen und Skelette aus Papier, umwoben von Spinnennetzen. Mittlerweile allerdings durchläuft Halloween eine Phase der Horrorisierung. Immer gruseliger, manchmal sogar höchst makaber sind die Kreationen: Zerstückelte Leichen werden auf OP-Tischen präsentiert oder Mordszenerien à la Michael Myers nachgestellt. Beliebte Orte, diese furchteinflößenden Figuren zu platzieren, sind der Garten, die Veranda oder der Eingangsbereich der Häuser.

Weitere wichtige Bestandteile auf den Halloweenpartys sind neben Verkleidung und Vermummung auch das Verabreichen allerlei Scherzartikel wie Senfbonbons oder – eine sehr derbe Variante – das Verstecken scharfer Rasierklingen in Äpfeln. Doch mittlerweile haben sich die Aktivitäten, zumindest in den Städten, auf die Straße verlagert. Ähnlich unseren Fastnachts- oder Karnevalsumzügen finden in den USA Halloween-Kostümparaden statt.

Eine besondere Variante dieser öffentlichen Darbietungen stellt die Greenwich Halloween Parade in New York dar. Seit den frühen siebziger Jahren hat sich eine Art alternative Parade gebildet, initiiert von Künstlern aus dem Bohèmien-Dorf Greenwich, in der sich vor allem Menschen aus sozialen Randgruppen wiederfinden. Halloween wird als karnevaleskes Ereignis gedeutet und als neues kulturelles Konstrukt in expressiver Form in Szene gesetzt. Bei dieser Nachtparade, an der Hunderttausende von Menschen teilnehmen, finden sich natürlich Figurentypen, die wir gemeinhin mit Halloween in Verbindung bringen. Aber – und dies macht den Unterschied – wir finden auch alle Stilrichtungen zeitgenössischer Musik, aktuelle Kostümierungen, wie sie an Fastnacht und Karneval üblich sind, und schließlich ist die Parade ein Stelldichein für Transvestiten, Schwule, Lesben und Heteros.

Fastnacht für Kürbisfreunde

Die Party- und Eventkultur um Halloween gedeiht längst ohne jeden kulturellen Nährboden. Schon die Jüngsten werden in den Kindergärten an das neue Fest herangeführt. Ende Oktober werden mittlerweile nicht mehr Lampions für den Nikolausumzug gebastelt – nein, man höhlt Kürbisse aus, bastelt gruselige Masken und Umhänge, Girlanden und vieles mehr, um anschließend eine schaurige Party bei Kerzenlicht zu feiern. Auf der gleichen Welle operieren die Kinder- und Jugendabteilungen vieler Vereine, die zu diesem Fest eigentlich keinerlei kulturelle Beziehung haben. Egal, Hauptsache, man bereichert das Angebot im Freizeitbereich um ein neues Element. Der Verband der deutschen Jugendherbergen DJH hat in verschiedenen Einrichtungen Familien und Alleinerziehende über die Wochenenden zu Halloweenaufenthalten eingeladen, Bastel- und Kochkurse speziell auf die Festinhalte und die Gruselparty hin ausgerichtet.

Angefangen hat der Halloween-Rummel in Deutschland schon vor mehr als zwanzig Jahren, wenn auch noch weitgehend unbeachtet. Südlich von Darmstadt gibt es eine Burgruine mit Namen Frankenstein. Zwar haben weder die Ruine noch Victor Frankenstein, der verrückte Mediziner und Held des Gruselromans von Mary Shelley, einen Bezug zu Halloween, aber eine schaurige Kulisse gibt die Ruine allemal her. Ein amerikanischer Offizier, Brian Hill, kam auf die Idee, jenes »Monster castle« mit dem bekannten Namen für Halloween zu nutzen. Der Erfolg seiner Party war überwältigend. Statt der erwarteten 500 kamen 5000 Gäste. Einen Höhepunkt erreichte die Halloweenparty schließlich 1991, als schätzungsweise 90000 Menschen kamen. Heute reisen die Fans aus ganz Europa zu den Veranstaltungen an, die mittlerweile eine Woche andauern.

Nach den Amateuren haben sich die Profimanager der Freizeitindustrie Halloween zugewandt. Im Europapark Rust bei Freiburg, wo im Rahmen einer ganzen Halloween-Woche zahlreiche Nachtfestivals angeboten werden, werden die Besucher mit gruseligen Überraschungen und einem traumhaften Lichterfest mit Spektakeleffekten unter anderem vom regionalen Rundfunksender unterhalten. In einer Szenerie aus Strohballen, Maispflanzen und 120 000 Kürbissen wurde eine gespenstische Dekoration kreiert. In ihrer kulturhistorischen Anmoderation von Halloween gingen die Partymanager mit der Wirklichkeit etwas großzügig um, aber dies dürfte das Publikum nicht gestört haben. Als »Deutschlands bissigste Halloweenparty« war eine Veranstaltung in Stuttgart angekündigt, die sich von allen bisherigen Halloweenpartys unterscheiden sollte. Also feierten die Stuttgarter den aus den USA importierten, angeblich keltisch-druidisch inspirierten Jahreswechsel unter besonderer Hervorhebung des Vampirismus, eine Thematisierung, die im Hinblick auf das ebendort inszenierte Musical »Tanz der Vampire« nahe lag. So konnte es nicht verwundern, wenn die Freunde des gepflegten Halsbisses am Ende in der Überzahl waren.

Doch nicht nur das großstädtische Publikum folgt den Rufen der Partymanager. Auch im ländlichen Raum gibt es Halloween-Propagierer. Sei es im Remstal oder im Welzheimer Wald, vielerorts werden Laternenumzüge für die Kinder – vergleichbar denen an St. Martin – organisiert.

Verkleidung – Vermummung – Maskierung

Sollten sich die Hoffnungen professioneller Partymanager bewahrheiten, dann ist Halloween auf dem besten Weg, populärer als Karneval oder Fastnacht zu werden. Warum eigentlich?

Karnevaleske Inszenierungen, professionell gemanagt, liegen nicht nur im allgemeinen Trend, vielmehr signalisieren sie eine Loslösung von karnevalistischem Brauchtum. Jene grausig-gruseligen Inszenierungen – die wir bisweilen auch im Fastnachtskontext festmachen können – stellen eine Ergänzung und Erweiterung des Verkleidungsrepertoires dar. Doch im Unterschied zu den normierten Kostümierungen der traditionellen Maskenträger, den uniformierten Kostümen der Prinzengarden, eröffnen sich hier neue Gestaltungsräume. Keine vorgefassten Normen setzen der Phantasie irgendwelche Grenzen. Keine brauchtümelnde Fastnachtszunft, kein Karnevalsverein mit strengen Statuten, festgefahrenen Strukturen und unumstößlichen Ritualen legt dem partywilligen Bürger irgend ein Korsett an, das ihm das Fröhlichsein nur in eng vorgegebenen Bahnen gestattet. Kein Festkomitee wird dem Gast einer Halloweenparty vorschreiben, wann er oder sie nach einem Tusch der Kapelle zu klatschen oder zu lachen hat.

Zweifellos handelt es sich auch hier um organisierten Frohsinn – aber mit mehr Freiräumen. Jedermann und jede Frau kann für kurze Zeit die eigene Identität vergessen und in der Rolle irgendeiner Gruselgestalt agieren.

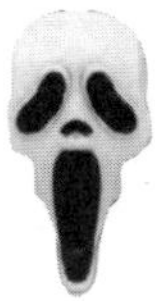

FUN – FREIZEIT – HALLOWEEN

Die Spaßgesellschaft ist auf der ständigen Suche nach neuen Feier-Tagen. Die traditionellen Fest- und Feiertage, bis auf wenige Ausnahmen christlichen Ursprungs, haben nicht mehr dieselbe Bedeutung wie noch vor einigen Jahrzehnten. Zwischen Sommerferien und Nikolaustag kommt da das Fest der Kürbisgeister und der Grusel-Inszenierungen gerade recht. Die säkulare Gesellschaft nimmt den Ablauf des Kirchenjahres längst überwiegend durch Kaufrauschbrillen wahr.

Auch der gute alte Karneval gilt vielen heute als peinliche Veranstaltung. Wo sich Erwachsene albern benehmen, Brauchpraktiker in steifen Sitzungen mühsam die Lachkultur kultivieren und institutionelle Orden verleihen, kann spontanes Amüsement kaum gedeihen. Halloween dagegen ist für unsere Breiten ein verhältnismäßig junges Vergnügen, es verspricht frisch und spritzig – wenn auch meist kommerziell – präsentiert zu werden. Halloween ist unterhaltend und lustig, weil das Spiel mit dem Entsetzen und dem Schabernack eng zusammengehören. Fastnacht und Karneval dagegen sind traditions- und kulturbehaftet, und jene von Brauchpraktikern inszenierten unernsten Ernsthaftigkeiten können die Festlaune manchmal verderben.

Halloweenpartys zu feiern ist trendy. Seit vielen Jahren lassen sich vermehrt Ausbruchsversuche aus der närrischen Uniformität beobachten. Gerade bei den nicht standardisierten Kostümierungen zu Halloween lassen sich in einem gewissen Umfang spontane Maskierungen realisieren. Junge Leute schaffen ihre eigenen, meist nur kurzlebigen Varianten und wählen Verkleidungen, die ihnen relativ viel Spielraum lassen. Der Akzent verschiebt sich hin zum genussvollen Miterleben und Konsumieren.

Fun und Action – Oder: Wer bin ich und was will ich hier?

Viele Menschen investieren einen Großteil ihres ökonomischen, sozialen und kulturellen Kapitals in die individuelle und kollektive Freizeitgestaltung, in die Gestaltung einer Erlebniskultur. Dieses Erleben und Deuten der Welt entsprechend den inneren Bedürfnissen manifestiert sich in verschiedenen Ausprägungen. Um zu verstehen, warum gerade das Halloween-Feiern hoch im Kurs steht, können zwei Tendenzen angeführt werden: Zum ersten scheint die Erfüllung des Wunsches nach zahlreichen und intensiven Erlebnissen zunehmend unaufschiebbar zu sein. Dies geschieht in dem Maße, in dem man an Übersicht und Kontrolle über seine eigene Lebensführung verliert und damit diese Quelle der Selbstwertschöpfung einbüßt. Die Gestaltung der eigenen Persönlichkeit wird durch Freizeitgestaltung ersetzt. Dem entspricht der Ausbau einer Erlebnisindustrie, die in dieser Situation kompensatorisch wirkt. Und zweitens ist die Jagd nach dem Neuen so schnell geworden, dass die einzelnen Erlebnisse kaum mehr psychosozial integriert werden können. Erlebnisreichtum geht in Erfahrungsarmut über.

Diese Zwiespältigkeit manifestiert sich im alltäglichen Tun und Treiben und zeigt sich noch deutlicher im Wesen des Menschen selbst. In all der Hast und dem Eifer, mit denen Menschen ihren Beschäftigungen nachgehen, spielerischen genauso wie ernsthaften, zeigt sich eine seltsam Doppelbödigkeit: Sie entstehen aus der fahrigen Sucht nach Zerstreuung. Mehr noch: Der rastlos agierende Mensch sucht die Zerstreuung um der Zerstreuung willen. Was steckt dahinter? Es ist die Angst, so schon der französische Philosoph Blaise Pascal, vor dem Alleinsein. Dieses ängstigt deshalb, weil hier die Menschen ganz auf sich selber gestellt sind. Darum suchen sie immerzu eine Beschäftigung, die sie davon ablenkt, an sich zu denken, sich mit sich selbst auseinander zu setzen. Umgekehrt formuliert: Der Mensch trachtet danach, sich selbst zu vergessen.

Würde sich der Mensch mit sich selbst beschäftigen, wäre es oftmals die Offenbarung seiner Trostlosigkeit. In solchen Augenblicken des Alleinseins befallen ihn Langeweile, Verdruss, vielleicht auch Verzweiflung. Doch bevor er in diesen Zustand der Verlassenheit gerät, orientiert sich der Mensch um: Er sucht nach einer Beschäftigung in der Freizeit. Die Orientierung auf die Freizeitwelt nimmt nicht nur wegen der verkürzten Arbeitszeit zu, auch wegen der rückläufigen Identifikation mit der Arbeit und dem abnehmenden Verständnis von Erwerbsarbeit als Erfüllung des Lebens. Die erfahrenen Fremdgefühle, die mangelnden Mitbestimmungsmöglichkeiten, die Parzellierung der Produktionsprozesse und die Anstrengungen der Erwerbsarbeit bestärken und verstärken diese Tendenz. Was sucht der Mensch? Er sucht nach Sphären, in denen Lebensfreude, Selbstverwirklichung sowie andere

Erlebnisinhalte, die das Leben lebenswert machen, vorhanden sind. Dem Wunsch nach mehr Freizeit entspricht das Bestreben nach mehr Selbstbestimmung und -darstellung, mehr Entfaltung, Interessenverwirklichung und Kommunikation. Bei seinem Verlangen nach »sinnvollem« Tun in der nicht von Erwerbsarbeit belegten Zeit und nach mehr Lebensqualität stößt der Suchende heute leicht auf den neuen Erlebnisbereich Halloween.

Was will ich auf einer Halloweenparty? Konsum- und Erlebnisorientierung, aber auch Geselligkeit stehen bei jungen Menschen – und sie dominieren bei Halloween-Veranstaltungen – hoch im Kurs. Die Freizeit wird im Bekannten- und Freundeskreis verbracht, in der Clique. Junge und sich jung und vital fühlende Menschen suchen nach Gestaltungsformen, in denen Aktivitäten, Spontaneität, Kreativität und Selbstentfaltung ihren Platz haben. Daneben sollen Sozialkontakt, Wohlfühlen und gleichzeitig auch noch Spaß, Freude und Lebensgenuss möglich sein: Dem Produkt Halloween scheint es gelungen zu sein, potentielle »Kunden« emotional zu überwältigen.

Verlagerungen der menschlichen Energien in die eigene Erlebniswelt einer Lebensgesellschaft, die arbeitet um zu leben, in eine Welt von *Fun, Action* und

Happiness sind zu beobachten und die Feier von Halloween scheint den Menschen diese Grundstrukturen in optimaler Weise darzubieten.

Was gibt es nach dem Halloween-Event?

Den nächsten Event, meint der Soziologe Gerhard Schulze. Zuerst Fastnacht und Karneval und dann Halloween? Und dann? Die Hauptaufgabe der Erlebnisgesellschaft ist nicht mehr die Sorge um das Überleben, sondern die Frage, wie man das Beste vom Leben abbekomme, woran sich logischerweise die Frage knüpft, was denn das Beste sei. Eine überaus heikle Frage.

Doch dem freizeitgestressten Zeitgenossen kann geholfen werden: Eine ganze Glücksindustrie steht bereit, die gebotenen Erlebnisse zu verschaffen. Es stellt sich gar nicht mehr die Frage, ob und wie man selbst einen Event gestaltet. »Werde glücklich«, ist man geneigt seinem Zeitgenossen zu wünschen – doch wie? Menschen, die schon fast alles erlebt haben, als Konsument und Claqeur billiger Unterhaltungsshows oder beim Nervenkitzel beim Canyoning, sind auf der Suche nach intensiven Erfahrungen. Begierig werden

Events aufgegriffen, die sich von den bisherigen Ausdrucksmitteln unterscheiden. Diese Lücke scheint momentan Halloween auszufüllen.

Und danach? Ist die Steigerungslogik an ihrem Ende? Findet das erlebnishungrige Subjekt Mensch noch etwas anderes als Shows und Simulationen, Action und Eventkonsum?

Genuss und Verzicht

Der Wohlstand hat das quantitative wie qualitative Anspruchsniveau der Menschen verändert. Mit materiellen Gütern weitgehend versorgt, stellt sich für die heutige Generation die Frage nach neuen Lebenszielen. Was kann jemand machen, der schon fast alles hat? Seit mehreren Jahrzehnten leben wir in einer konsumorientierten Überflussgesellschaft. Materieller Konsum paart sich hierbei mit dem Bedürfnis nach emotionaler Anregung, nach emotionalen Konsumerlebnissen.

Das für die westliche Industriekultur immer noch prägende, in der »protestantischen Ethik« Max Webers beschriebene bürgerliche Wertsystem wird seit Jahrzehnten insbesondere von Jugendlichen in Frage gestellt. Traditionelle Vorstellungen, welche zu Erwerbsstreben und hohem Arbeitseinsatz bei asketischer Haltung gegenüber dem Lebensgenuss verpflichteten, befinden sich auf dem Rückzug. Statt dessen wird heute eine Distanzierung von der Arbeit und eine Aufwertung des Privatbereichs und der Freizeit konstatiert, verbunden mit der Suche nach Glück und dem Verfolgen hedonistischer Ziele.

Im Mittelpunkt der persönlichen Lebensgestaltung steht die Suche nach einem neuen Lebensstil. Hatte das »Erst Genuss, dann Verzicht«-Prinzip in der Vergangenheit seine Anhänger, so passt es sich nun bruchlos den aktuellen Konsumbedürfnissen an. Im Gegensatz dazu herrschte bisher im wesentlichen die (protestantisch-puritanische) Moral »Verzicht kommt vor Genuss« – ein Lebensprinzip, das in dieser Form vielleicht seine Existenzberechtigung in der Knappheitsgesellschaft hatte, aber in der Wohlstandsgesellschaft nicht mehr zum bestimmenden Lebensstil gehört. Diese Spannung zwischen zwei kulturellen Traditionen löst sich sukzessive auf und wird tendenziell verschwinden.

Die überdurchschnittlich hohe Motivation der Initiatoren neuen Halloween-«Brauchtums« liegt wesentlich in einem Bündel von Lebenszielorientierungen mit begründet. Zu nennen wären Leistungs- und

Karriereorientierung, doch wesentlich stärker scheinen hier Sozial- und Geselligkeitsorientierungen vorzuherrschen, im gewissen Umfang die Selbstverwirklichung und dominant natürlich die Spaß- und Genussorientierung. Jeder, der seine persönliche Entscheidung zum Mitfeiern der Halloween-Events getroffen hat, tut dies heute weitgehend losgelöst von bisherigen kulturellen Traditionen, wenn sie überhaupt jemals bestanden haben.

Realität und Illusionen

Strömten in der Vergangenheit an allen kirchlichen Fest- und Feiertagen die Gläubigen in großen Scharen in die Gotteshäuser, zu Prozessionen und zu Wallfahrten, so registrieren wir heute Millionen von Menschen in den bundesrepublikanischen Freizeitparks, in jenen künstliche Erlebniswelten, die eher an potemkinsche Dörfer erinnern. Was fasziniert Menschen jeden Alters und aller Gesellschaftsschichten an ihnen? Zu all den bisherigen Angeboten kommt nunmehr als neuer Freizeitevent Halloween.

Mag man diese neuzeitlichen Inszenierungen auch als Fassadenfirlefanz kritisieren, so muss man doch ernüchtert feststellen, dass die Entscheidung für Halloween schlicht mit den Füßen stattfindet. Die Besucher wollen sich unbeschwert treiben und unterhalten lassen und vor allem unbeschwert genießen. Nicht mehr Kontemplation ist anscheinend gefragt, sondern die Flucht in künstliche Traumwelten, Kompensation für die Monotonie des Alltags, für Stress, Langeweile und Vereinsamung. Große Teile unserer Gesellschaft brauchen sie als psychisches Ventil. Angesichts dieser weit verbreiteten Bedürfnisse ist es mehr als eine rhetorische Frage, ob die Gäste von Halloweenpartys auf der Suche nach dem authentischen Erlebnis sind, auf der Suche nach dem »wirklichen« Halloween-Brauchtum, oder nur eine ästhetische Illusion wollen.

Halloween ist ein neues Element der Freizeit- und Unterhaltungskultur geworden. In einer Events fordernden Gesellschaft braucht Halloween erst gar nicht mehr das Stadium eines *ausgeübten* Brauches zu durchlaufen, es hat sich bereits als *vorgeführter* etabliert. Für die Menschen gibt es gar keinen Unterschied mehr zwischen den Shows in Freizeitparks und dem, was auf Halloweenpartys an Unterhaltungskultur präsentiert wird. Im Vordergrund steht ein menschliches Grundbedürfnis: die Befriedigung von Illusionen.

So wenig wie Freizeitparks Abbilder gesellschaftlicher Wirklichkeit sind, so wenig können halloweenartige Inszenierungen den Anspruch auf kulturelle Wahrheit und Wirklichkeit erfüllen – und das wollen sie auch gar nicht. Das Dargebotene muss lediglich das Originalgefühl vermitteln. Produzenten und Konsumenten von Halloween lassen sich auf einen Kompromiss ein: so viel Ursprünglichkeit wie möglich, so viel Kulisse wie nötig. Die Grenzen – wenn sie je bestanden haben – zwischen Kultur und Unterhaltung verschwimmen. Kulturkonsum und Erlebniskonsum lassen sich kaum mehr voneinander trennen. Halloween hat demnach gute Chancen, sich als neuer Trendsetter in der Unterhaltungsbranche zu etablieren. Die bisherigen Formen der Akzeptanz bestärken einen nachhaltigen Trend.

Consumo – ergo sum: Der Mensch, nicht mehr ein denkendes, sondern heute mehr denn je ein konsumierendes Wesen. Materieller wie immaterieller Konsum stehen hoch im Kurs. Unterhaltung und Zerstreuung müssen immer stärkere Reize ausüben, immer intensiver wirkende Stimulantien braucht der Mensch für seine abgestumpften Sinne. Um die Übersättigung an allen möglichen Raffinessen und Unterhaltungsmöglichkeiten zu übertönen, ist der Mensch ständig auf der Suche nach neuen Attraktivitäten. In einer Gesellschaft, die mit Konsum, Luxus und Langeweile überfüttert ist, hat es die Unterhaltungsbranche schwer, den Anforderungen und Bedürfnissen gerecht zu werden. Der Mensch – ein rastloses Wesen auf der Suche nach dem Besonderen, Originellen, dem Noch-Nicht-Dagewesenen. Halloween ist dabei mehr als ein Lückenfüller, eher ein aktuelles Ablenkungsinstrument.

Säkulare Gesellschaft

Eingebettet sind diese profanen Vergnügungen in eine nahezu vollständig säkularisierte Gesellschaft, die weitgehend jede kirchliche, aber nicht zwingenderweise jede religiöse Bindung verloren hat. Das gesellschaftliche Subsystem Halloween findet sich in einer konfessionell ungebundenen Situation, verortet sich in einer säkularen Welt.

Vor allem die katholischen Iren haben Halloween gefeiert, als Fest innerhalb des weltlichen wie kirchlichen Jahreslaufes. Zwar gab es eine gewisse konfessionelle Anbindung, doch hatten das Ereignis und seine Inhalte letztlich klar weltliche Bedeutungsebenen.

Auch wenn wir das Fest der wandernden Seelen und Geister feiern, die an diesem Tag aus dem Jenseits in unsere Welt kommen, so wird unser Denken und Handeln keinesfalls auf göttliche Vorstellungen gelenkt – im Gegenteil. Der Mensch selbst ist Quelle, Mittelpunkt, Grund und Maßstab von Wissen und Handeln. Die gesamten Festinhalte haben einen jahrhundertelangen Loslösungs- und Entkopplungsprozess durchlaufen, an dessen – vorläufigem – Ende eine weltliche Kultur steht. Die Gesellschaft und ihre Subsysteme, vor allem aber ihre Kultur und ihre sozialen Werte sind und bleiben säkularisiert.

SEELEN UND GEISTER – DIE KULTISCHEN URSPRÜNGE DES FESTES

Ist Halloween nun keltisch-heidnisch oder christlich, oder gar beides, ja vielleicht weder das eine noch das andere? Religion und Mythologie der Kelten haben stets eine besondere Faszination ausgestrahlt. Die Auffassung, Reste heidnischer Kulte in Irland hätten noch bis in die Zeit der anglonormannischen Eroberung des 12. Jahrhunderts bestanden, wird nicht zuletzt von Bernhard von Clairvaux vertreten. Diese Gleichsetzung der inselkeltischen Bewohner mit Heiden beruht auf der Einschätzung, nur dem Namen nach seien sie Christen, in Wahrheit aber Heiden. Ob dieses mittelalterliche Klischee von der kulturellen Rückständigkeit der Iren und ihrer Affinität zum Heidentum heute noch Bestand hat, muss in Zweifel gezogen werden. Wie man weiß, so der Religionswissenschaftler Bernhard Maier, stammen zeitgenössische Berichte über das Fortleben heidnischer Glaubensvorstellungen und Bräuche bei den Iren keineswegs aus der Feder unbefangener und vorurteilsfreier Beobachter, sondern stehen im Gegenteil im Dienst kirchlicher und politischer Propaganda. Der Einfluss christlich-lateinischer Gelehrsamkeit wird heute sehr viel höher veranschlagt, als es im Gefolge romantischer Kontinuitätstheorien und eines übersteigerten Nationalismus lange üblich war.

Die reiche und dennoch weitgehend unklare Überlieferung macht es nicht einfach, Belege und Beweise anzuführen. Die keltische Kultur war keine Schriftkultur, und so speisen sich letztlich alle Aussagen aus Sekundärquellen, die mit großer Sorgfalt bewertet werden müssen, zumal sie alle nicht-keltischer Provenienz sind. Um sich überhaupt eine gewisse Vorstellung von den wahrscheinlich bestehenden religiösen Anschauungen und Kultgebräuchen der Kelten auf den Britischen Inseln zu machen, sind wir auf Nachrichten angewiesen, die aus dem linksrheinischen Keltenland, dem eigentlichen Gallien des Altertums, stammen.

Historische und kulturwissenschaftliche Aussagen basieren auf dem, was uns die Zeitgenossen hinterlassen haben. Unsere Kenntnisse beruhen daher, soweit sie literarischer Art sind, auf dem wenigen, was uns griechische und römische Schriftsteller überliefert haben, teils aufgrund eigener Einsicht und Erfahrung, teils aufgrund gelehrter Studien, die oft aus dem Abschreiben älterer Autoren mit allen möglichen Versehen und Irrtümern bestanden. Poseidonios von Apameia, Polybios, Timagenes, Diodoros, Strabon sind unter den Griechen, Gaius Iulius Caesar, Annaeus Lucanus und Ammianus Marcellinus unter den Römern zu nennen. Was wir von ihnen erfahren, ist jedoch sehr heterogen, oft sogar widersprüchlich. Dabei hatte Caesar den unmittelbarsten Einblick in die inneren Verhältnisse Galliens. Ob wir uns die Ansicht zu eigen machen, Caesar, der ausgesprochene Feind der Gallier, habe die keltische Vergangenheit durch die verächtliche Brille der Römer gesehen und sie für eine barbarische gehalten, sei dahingestellt. Eine ganz entscheidende Frage allerdings bleibt nach wie vor unbeantwortet: Ist das, was Caesar für das Gallien links des Rheines zu berichten weiß, auch für andere keltische Gebiete, insbesondere für die inselkeltischen, zutreffend?

Keltische Überlieferungen, ihr Wissen und Erkenntnisse dokumentieren sich in Liedern, Gedichten und der Kunst. Sie wurden, wir sprachen eingangs bereits davon, seit dem 9. Jahrhundert n. Chr. von Mönchen aufgezeichnet. Diese Aufzeichnungen werden fast ausnahmslos als vollständigster und sprechendster Ausdruck einer Mentalität betrachtet. Zahlreich sind die Interpretationen aus wissenschaftlichen Kreisen, noch zahlreicher gewagte Spekulationen aus der Feder von Laien. Was nicht aus keltischen oder griechisch-römischen Quellen zu belegen ist, bleibt jedoch hypothetisch.

Unternehmen wir den Versuch, aus dem manchmal undurchdringlich erscheinenden Konglomerat aus Interpretamenten zumindest die Erkenntnisse herauszuarbeiten, die auf gesicherter wissenschaftlicher Basis beruhen. Gleichzeitig aber sollen auch die Aussagen angesprochen werden, die – oft phantasiereich aufbereitet – aktuelle Interpretationen von gegenwärtigem und vergangenem keltischen Kultus darstellen.

Halloween – der Abend vor Allerheiligen

Am 1. November feiern die Christen »Allerheiligen« heute als Gedenktag aller Märtyrer. Diese wurden ursprünglich an verschiedenen Tagen gefeiert, Papst Gregor IV. legte im Jahre 835 einen einheitlichen Feiertag für die christliche Kirche auf den 1. November fest. Angesichts der Kirchenspaltung im britischen

Königreich ist es wichtig zu wissen, dass die anglikanische Kirche diesen Gedenktag beibehielt. Im Englischen heißt er »All Saints' Day« oder auch »All Hallows«. *Hallow* steht hier gleichbedeutend für *saints* (»Heilige«) und hat sich aus dem mittelenglischen Wort *halwe* entwickelt. Der 31. Oktober ist der »Abend vor Allerheiligen«, also »All Hallows' Even«, kurz »Hallowe'en«, was sich schließlich zu »Halloween« abgeschliffen hat. Obwohl das Fest somit eine christliche Bezeichnung trägt, sind seine Ursprünge anscheinend älter, so jedenfalls eine weitläufig vertretene Meinung.

In der frühen christlichen Kirche wurde das Fest »zu allen Heiligen« am ersten Sonntag nach Pfingsten gefeiert und es ist bezeichnend, dass die Bestrebungen, den 1. November als Allerheiligenfest zu begehen, von den Britischen Inseln, der Region mit den stärksten keltischen Einflüssen, ausging. Seine Rolle als Totengedenktag behielt der 1. November bis zum heutigen Tag bei, obwohl seit dem späten 10. Jahrhundert, unter dem Einfluss Abt Odilos von Cluny, mit Allerseelen (2. November) ein eigenes Gedenkfest für die Toten entstand.

Das keltische Neujahrsfest Samhain

Eine These besagt, Halloween gehe auf das keltische Neujahrsfest »Samhain« (auch Samuin oder Samain) zurück, das am 1. November gefeiert wurde. In der Nacht vor Samhain galten die Pforten in die »Anderswelt« als geöffnet, wodurch Geistwesen und die Seelen der Verstorbenen in die Menschenwelt, aber auch Sterbliche in die Anderswelt eintreten konnten. Halloween ist die Nacht der verirrten Seelen, die Nacht von Samhain, dem keltischen Totengott. Eine weit verbreitete Interpretation dieser Vorstellung bietet der amerikanische Ethnologe John Moore. Ihr zufolge auferstehen am 31. Oktober die Seelen der Toten und suchen sich neue Körper, um von ihnen Besitz zu ergreifen. Da die lebenden Menschen ihre Körper natürlich gerne behalten möchten, versuchen sie die Verstorbenen abzuschrecken und zu vertreiben. Zu diesem Zweck, so jedenfalls lauten die gängigen Erklärungsmuster, verkleideten sich schon die Kelten und zogen lärmend umher.

Andere Deutungen ordnen dem Festtag ganz andere Sachverhalte zu. So soll nach den Zusammenstellungen von Helmut Birkhan alle drei Jahre oder jährlich die auf *Ollamh Fódhla* zurückgeführte *feis Temhra*, das »Fest von Tara«, eine der wichtigsten Versammlungen in Irland gewesen sein. Auch das sogenannte Ulsterfest gehe auf diesen Termin zurück. Ebenso soll es im Rahmen des Samhainfestes einen Feuerkult gegeben haben wie auch Steinhaufen errichtet worden seien. Wie angeblich die Sage von *Fingín mac Luchta* zeigt, war Samhain auch die Nacht, in der Prophezeiungen für das folgende Jahr stattfanden, was darauf hindeutet, dass Samhain in Irland – wie auch in Wales - der alte Anfang des Winterhalbjahres war. Abgesehen von Jahrmärkten und festlichen Zusammenkünften, die einen zukunftsweisenden Charakter besaßen, wurden allerhand Geschicklichkeitsspiele durchgeführt. Während all dieser Fest- und Versammlungszeiten soll allgemeine Waffenruhe geherrscht haben.

Doch nicht genug der Deutungen: Nach »altem keltischen Glauben«, mutmaßt John Matthurs, »gingen in der Nacht zum 1. November, dem Neujahrstag, unheimliche Dinge vor: Hexen trieben ihr Unwesen und böse Geister gingen um. Die Kelten versammelten sich zu großen Festmahlen, um Kobolde und Gespenster zu besänftigen, gleichzeitig setzten sie sich gespenstische Fratzen-Masken auf, um so die Geister zu täuschen und deren Macht zu bannen«. Und noch weitere Interpretationen werden aus der Welt der Hobby-Historiker geliefert: Der Beginn des neuen Jahres sei nicht etwa eine »tote Zeit«, nein, jetzt fange in Wirklichkeit die Jahreszeit des Wachstums mit der Winteraussaat an, durch die neues Leben in die schlafenden Felder gesenkt wird. »... jetzt, während der langen dunklen Winternächte, begann man erst mit dem Geschichtenerzählen. Viele dieser Geschichten waren Gespenstergeschichten über das Jenseits, dessen Tore zu dieser Zeit offenstanden, so dass die Toten außer Landes gehen konnten. Nur verkleidet konnte man sich in dieser Nacht nach draußen wagen und so die *sidhe*, die Feen und Elfen, und die gefürchteten, doch stets respektierten Ahnen überlisten: ein Brauch, der sich bis auf unsere Zeit als ... Halloween ... erhalten hat«.

Eine weit verbreitete Auffassung über den kulturhistorischen Ursprung des Festes stammt aus der amerikanischen Kulturforschung und wird von Kevin Danaher vertreten. Seine vegetationskultische Deutungsvariante wird auch für das Vorhandensein von Früchten im aktuellen Brauchtum herangezogen. So interpretiert er den 1. November als den ersten Tag des Winters und das Ende des bäuerlichen Jahres. Der keltische Bauer habe seine Feldfrüchte eingebracht, Rinder und Schafe seien von den Weiden der Hochländer in die Ställe verbracht worden, der Winterweizen sei gesät, Holz und Torf für die kalten Wintertage bevorratet. Dieser erste Tag des keltischen Winters sei nun die Zeit zunehmender Dunkelheit, der Tod der Vegetation und der Ernte. All diese Elemente seien die Grundlage des Symbolismus dieses Tages. Auch der amerikanische Volkskundler Jack Santino geht in seinen Deutungen in diese Richtung: Die religiösen Symbole für Tod und Auferstehung Christi würden die unterschiedlichsten Symbole beinhalten, verbunden mit agrarkultischen und seelsorgerischen Ideen, mit jahreszeitlichen Vorstellungen von Zeit, mit übernatürlichen Gedanken von Leben und Tod. In dieser Zeit des Jahres würden die Früchte der Ernte mit Ideen über das Leben nach dem Tod und der »Anderswelt« verknüpft.

Zweifellos griffige Interpretationen, die gedanklich schlüssig erscheinen. So könnte sich ein keltischer Totenkult bewahrt, die Zeiten überdauert haben. Und da wir wissen, dass die katholische Kirche im Zuge der Christianisierung heidnische kultische Praktiken und Bräuche übernommen und umgedeutet hat, erscheinen uns diese Interpretamente durchaus logisch. Welchen Stellenwert wir all diesen hier nur skizzenhaft formulierten Vorstellungen beimessen dürfen, soll uns am Ende dieses Kapitels beschäftigen.

Das keltische Jahr – Götter, Feste und Feiern

Was die Jahreseinteilung der Kelten betrifft, so kennen wir zwei Kalendersysteme: den druidischen Mondkalender und einen mehr bäuerlichen Kalender, der den Jahreslauf in vier Feste gliedert. Eine Einteilung des Jahres, die eng mit der agrarischen Wirtschaftsform und infolgedessen mit den klimatischen Bedingungen in Irland zusammenhängt. Schnittpunkte zwischen den einzelnen Zeitabschnitten waren der 1. Februar mit dem Fest *Imbolc* (Zeit der Geburt und des Stillens), *Beltaine* (Leuchtfeuer) am 1. Mai, der 1. August mit dem Fest *Lughnasadh* (Lughs Hochzeitstag) und der 1. November mit *Samhain* (Sommertod).

Nach keltischer Tradition begann jeder Festtag am Abend des vorherigen Tages, so dass die Feste immer die Nacht hindurch in den nächsten Tag hinein gefeiert wurden. Samhain, das keltische Neujahrsfest, fängt demnach – nach dem heutigen Kalender – am Abend des 31. Oktober an und zieht sich in die Nacht auf den 1. November hinüber. In dieser Nacht von Samhain gehen die Seelen auf Wanderschaft, einer Vorstellung, der wir uns im nächsten Abschnitt noch einmal zuwenden wollen. Seit der Zeit, da dieser Tag eine Brücke zwischen dem einen Jahr und dem nächsten war, wurde hier die Grenze zwischen der Welt der Menschen und der der Geister überbrückt.

Das meiste, was wir über die keltischen Götter und Göttinnen wissen, stammt aus römischen Quellen. Die römischen Autoren interpretierten die keltische Religion aus ihrem Verständnis von Gottheiten heraus. Doch der Glaube der Kelten bestand nicht nur aus Göttern, vielmehr kamen alle Arten von Glauben und Aberglauben hinzu, die Bestandteil des Lebens waren.

Seelenwanderung und Jenseitsvorstellungen

Worin zeigen sich also die Glaubensinhalte der Kelten? Eine schwierige Frage. Wir bewegen uns auf schwankendem Boden: Für eine Rekonstruktion der Vorstellungen vom Leben nach dem Tod stehen nur einige wenige Bemerkungen antiker Autoren und Hinweise in den inselkeltischen Literaturen des Mittelalters sowie archäologische Funde zur Verfügung und damit Quellen, deren Deutungen religiöser Kulte mit großen Unsicherheiten behaftet sind. Das immaterielle Denken, die religiösen Auffassungen über die Erscheinungen und Folgen des Todes bleiben uns im wesentlichen verschlossen. Was wir mit relativ großer Sicherheit heute wissen, ist, dass die Kelten den Tod nicht als Schlusspunkt des Lebens verstanden haben. Vielmehr entwickelten sie offensichtlich eine konkrete Jensseitsvorstellung, die das Abschiednehmen von dieser Welt erleichtern sollte. Der Vorstellung vom Jenseits als einer Fortsetzung diesseitiger Verhältnisse liegen die regional und zeitlich unterschiedlichen Bestattungssitten zugrunde.

In der mittelalterlichen Literatur Irlands dürften vor allem die Erzählungen um die Welt der *síde* (Geisterwelt) vorchristliche Jenseitsvorstellungen widerspiegeln. Charakteristisch ist die Annahme einer »anderen Welt« jenseits der von Menschen bewohnten Gegenden, zu der man nur unter bestimmten Bedingungen Zutritt finden kann. Die betreffenden inselkeltischen Texte beziehen sich jedoch nicht in erster Linie auf ein Jenseits als Aufenthaltsort der Verstorbenen, sondern vielmehr auf eine der Menschenwelt ähnliche Welt der Geister. Diese jenseitige Welt war – im Gegensatz zu christlichen Vorstellungen – nicht ein Ort jenseitiger Strafen.

Viel diskutiert, aber immer noch nicht befriedigend erklärt sind die antiken Hinweise auf eine keltische Seelenwanderungslehre, die sich erstmals bei Poseidonios finden. Erhalten hat sich dieses Zeugnis bei Diodor von Sizilien, der damit die in der Antike sprichwörtliche Todesverachtung motivierte. Die menschliche Seele wie der Kosmos seien unzerstörbar, so die Lehre des Pythagoras, wenn auch dereinst Feuer und Wasser die Oberhand behalten würden. Erst in der inselkeltischen Tradition findet sich dann in der »Geschichte Taliensins«, der Erzählung von der »Brautwerbung um Étaín« und den Erzählungen von »Túan mac Cairill« und »De chophur in dá muccido« die Vorstellung, dass die Seele in Tier- und Dämonenkörper eingehen könne.

Ob man aus diesen Erzählungen schließen darf, dass die Iren vor der Christianisierung an eine Art Seelenwanderung glaubten, erscheint jedoch fraglich, da hier eine Art Märchenmotiv vorliegen könnte und weitere außerliterarische Hinweise auf einen Glauben an Wiedergeburt fehlen. Davon abgesehen stellt sich die Frage, ob man einen solchen Glauben allein aufgrund der oben zitierten Bemerkungen antiker Autoren für die Festlandskelten auch wirklich voraussetzen darf. Da Poseidonios vermutlich der einzige Gewährsmann dafür ist und das festlandskeltische Totenbrauchtum eine solche Annahme nicht bestätigt, könnte es sich bei der vermeintlichen Ähnlichkeit keltischer Jenseitsvorstellungen mit den Lehren des Pythagoras auch um eine Interpretation des stoischen Philosophen handeln, dessen Anwendung durch den Einfluss der griechischen Philosophie in und um Massilia (Marseille) begünstigt wurde.

Und so müssen wir uns weiter fragen, was die christliche Kirche denn bewogen haben könnte, gerade diese vielfältigen heidnischen Kulte in ihre religiösen Praktiken wie auch in den Festkalender des Kirchenjahres zu übernehmen. Was haben die Seelen der keltischen Toten mit den Heiligen der katholischen Kirche zu tun? Und warum wird dieses Fest gerade an diesem Tag gefeiert? Und schließlich: Warum haben sich vergleichbare Kulte nicht auch im süddeutschen oder französischen Raum (Gallien) erhalten, der nachweislich über mehrere Jahrhunderte keltisch besiedelt war?

Was bei diesem eingangs skizzierten Erklärungsmuster besonders delikat ist, ist der Umstand, dass sich kultische Praktiken über nahezu 1500 Jahre, das heißt seit Beginn der Christianisierung auf den Britischen Inseln, in dieser Form erhalten haben sollen. Dies setzt eine nahezu vollständige Kontinuität, das heißt eine ununterbrochene Folge der Überlieferung, in der Durchführung dieser Bräuche voraus. Nicht unbeachtet bleiben darf darüber hinaus der Umstand, dass die frühen mittelalterlichen Berichte über das Weiterleben heidnischer Glaubensvorstellungen und Bräuche in Irland stark propagandistisch gefärbt sind.

Heidnische Kulte und christlicher Glaube

Für unsere Fragestellung, ob das aktuelle Fest Halloween nun keltischen Ursprunges ist und sich aus religiösen Vorstellungen heraus speist, müssen wir vor allem der Frage nach dem Leib-Seele-Verhältnis des lebenden wie des toten Menschen nachgehen. In unserer Welt, die von den Prinzipien eines wissenschaftlichen Rationalismus beherrscht wird, ist es fast unmöglich, uns eine von Engeln und Geistern bevölkerte Welt vorzustellen. Bibelforscher haben das Christentum weitgehend entmythologisiert und weitgehend seiner übernatürlichen Elemente beraubt. Um zu verstehen, wie ein heidnisches Fest der Kelten, in dessen Mittelpunkt die Wiederkehr der Seelen stand, so mühelos in einer christianisierten Welt weiterleben konnte, ist es wichtig zu wissen, dass die Kelten an das Weiterleben der Seele und die Nähe der Vorfahren glaubten, das heißt es existierte die Vorstellung von zwei Welten. Wenn jemand starb, dann ging die Seele von der einen Welt in die andere über. Umgekehrt war es aber auch möglich, dass eine Seele mit der Geburt eines Kindes wieder in die erste Welt zurückkehrte. Keine ungewöhnliche Vorstellung – vergleichbare Anschauungen finden wir bei nahezu allen Naturvölkern.

Es gibt keine wirkliche Religion ohne Jenseits, Offenbarung, Gericht, Gnade und Eschatologie, sagt der Religionswissenschaftler Friedrich Heiler und fährt fort: Der Glaube an ein Fortleben des Menschen verbindet sich mit der Furcht vor schädigenden Einflüssen. Die Ahnen werden vorwiegend – wenn nicht ausschließlich – als freundliche Geister und Schutzgeister gedacht. Sie können aber, wenn sie nicht verehrt oder auf andere Weise erzürnt werden, dieselben schädigenden Wirkungen hervorbringen wie die Totengeister. Die Ahnenverehrung ist gekennzeichnet durch regelmäßige Speisung an ihren Gräbern oder vor ihren Symbolen und durch regelmäßigen trauten Umgang. Dies dürften die Gründe für den ausgeprägten Toten- und Ahnenkult bei den Kelten gewesen sein. Besonders weit verbreitet ist der Glaube an eine

Wiedergeburt bei indogermanischen Völkern, so bei den Kelten. Die keltischen Druiden lehrten die Wiederverkörperung nach dem Tode. Die Seele löst sich vom gegenwärtigen Körper und geht in einen anderen Leib ein, sei er menschlich, tierisch oder pflanzlich.

Bestätigung finden wir in den Ausführungen von Paul Schanz zur Unsterblichkeit der Seele: »Die Annahme der Unsterblichkeit der Seele ist, wie die Religion überhaupt, ein Gemeingut der Menschen aller Länder und Zeiten. Sie bildet die notwendige Voraussetzung jeder Religion ... Die Hoffnung auf ein besseres Jenseits ist das wichtigste Unterpfand, welches der Glaube an Gott dem Menschen gewährt«. Und er fährt im Hinblick auf vorchristliche Religionen fort: »Auch bei den Völkern der niedrigsten Religionsstufe fehlt diese Hoffnung, der Glaube an die Unsterblichkeit (der Seele) nicht gänzlich. Alle Völker aller Zeiten haben, wenn auch in verschiedenen Formen, einen vom Körper verschiedenen Menschengeist, der über den Tod hinaus fortlebt, angenommen«.

Der ausgeprägte Unsterblichkeitsglaube begegnet uns in der Form der Seelenwanderung, so Caesar, der damit die Tapferkeit der Gallier erklärt. Ihre Furchtlosigkeit vor dem Tod und die Hoffnung auf ein besseres Leben im Jenseits spiegelt sich in der Vorstellung eines

Landes mit ewiger Jugend, das sie unter dem Meer im Westen zu wissen glaubten und *Tir na nOg* genannt wurde. Eine ähnliche Auffassung war auch in der christlichen Hoffnung auf ein Leben über den Tod hinaus und in der Lehre von der Gemeinschaft der Heiligen verankert.

Darüber hinaus glaubten die Kelten, dass das andere Leben mit dem gegenwärtigen Leben verbunden sei und sich auf dieses auswirke. An der Nahtstelle zwischen den beiden Sphären, dem Diesseits und dem Jenseits, war das Fest von Samhain, das um den 1. November herum begangen wurde. Am Übergang vom alten zum neuen Jahr war es den Geistern und Seelen der Verstorbenen erlaubt, sich frei in der Welt zu bewegen. Möglicherweise, so vermutet Timothy J. Joyce, könnten diese keltischen Vorstellungen die Grundlage für Halloween gewesen sein. Möglicherweise ja, doch wirklich wissen tun wir es nicht!

Nicht uninteressant für unsere Überlegungen ist die Frage nach der Konformität zwischen keltischen und christlichen Vorstellungen über Existenz, Weiterleben nach dem Tode und Wiederkehr der Seele. Die ersten christlichen Mönche in Irland und Schottland, die sich mit keltischen religiösen Kulten auseinander zu setzen hatten, stießen – wohl auf vergleichbare

Vorstellungen hinsichtlich dem Weiterleben der menschlichen Seele nach dem Tode. Die kirchlichen (katholischen) Lehrbücher der Dogmatik weisen eindeutig in diese Richtung. Der Glaube an die Unsterblichkeit der menschlichen Seele gehört in den Bereich der natürlichen religiösen Wahrheiten. Und in der Tat scheinen hier keltische und christliche Vorstellungen nahezu deckungsgleich zu sein.

Christianisierung der Kelten und Angelsachsen

Um die Frage beantworten zu können, ob keltische religiöse Kulte im Zuge der Christianisierung der Britischen Inseln eine Chance hatten zu überleben, müssen wir uns zunächst vergegenwärtigen, dass seit dem späten 4. Jahrhundert iro-schottische Mönche begonnen hatten, die Kelten zu missionieren. »Die iro-schottischen Mönche achten und lieben das irische ›Heidentum‹ und kommen nicht, es auszurotten, sondern eine Wesensbegegnung zwischen ›Christentum‹ und ›Heidentum‹ herbeizuführen. Dabei sind sie nicht nur Schenkende, sondern auch Lernende und Empfangende«. In welchem Umfang sie es zugelassen haben, dass vorchristliche kultische Rituale in der christlichen Religion weiterlebten, entzieht sich unserer Kenntnis.

Als Beweis für die religiöse Toleranz seitens der Missionare gegenüber den Kelten werden vielfach die Erlasse Papst Gregors des Großen (540-604) herangezogen, die es den missionierenden Mönchen ausdrücklich gestatteten, heidnische Kulte in den christlichen Ritus zu übernehmen. Doch diese Argumentation müssen wir stark relativieren: Die Missionierung im Auftrag Papst Gregors galt nicht so sehr den Kelten als vielmehr den heidnischen Völkern der Angeln, Sachsen und Jüten, die seit dem 5. Jahrhundert in das einst römische Britannien eingefallen waren, die keltische Bevölkerung versklavt und zum Teil in die westlichen Gebiete zurückgedrängt hatten.

Auch wenn zum damaligen Zeitpunkt der Beginn der keltischen Missionierung schon fast zwei Jahrhunderte zurücklag und sie weit fortgeschritten war, so ist dennoch die weitere Entwicklung der Christianisierung auf den Britischen Inseln aufmerksam zu beobachten. Für das Fortleben von heidnischen Kulten ist insofern das generelle Verhalten Papst Gregors nicht unwichtig. Gegenüber allen nichtchristlichen Religionen – auch gegenüber den Juden – nahm er eine sehr konziliante Haltung ein. Grundsätzlich wandte er sich gegen Zwangsbekehrungen und setzte eher auf Vernunft und Milde. In einem Brief an die Missionare schreibt er: »Jene, die nicht unserer christlichen Religion angehören, sind behutsam, durch Wohlwollen, Ermutigungen und Überzeugungen der Glaubenseinheit zuzuführen«. Drohungen und Einschüchterungen hingegen würden sie nur abstoßen. Bekehrungen hätten keinen Bestand, so eine wiederholt vorgetragene Argumentation, wenn sie nicht mit einer auf der Heiligen Schrift gegründeten Überzeugung einhergingen.

Auf dem Fundament der Einheit des Glaubens war Papst Gregor gerne bereit, eine Vielfalt von Bräuchen in den einzelnen Kirchen zuzulassen und zu erhalten. Dies betraf vor allem den gottesdienstlichen Ritus, vermutlich aber auch Gebräuche, die außerhalb kirchlicher Praktiken von den Menschen durchgeführt wurden. In zwei Etappen wurden die »Heiden« missioniert. Seit 596 waren 40 Mönche unter der Leitung von Augustinus, damals Prior des Andreasklosters auf dem Monte Celio in Rom, als Missionare tätig. Ermutigt von den ersten Erfolgen im Südosten Englands, sandte Gregor unter der Führung von Abt Mellitus eine zweite Gruppe nach England, um die junge Kirche zu stärken.

Im Zuge dieser zweiten Missionierungsphase veröffentlichte der Papst im Jahre 601 einen Erlass an die

Missionare, der für die Übernahme heidnischer Bräuche und Gewohnheiten der Menschen wichtig war. Ausdrücklich wies Gregor der Große Abt Mellitus an, dass die heidnischen Heiligtümer nicht zerstört, sondern in Kirchen umgewidmet werden sollten. Götzenbilder wurden durch Reliquien ersetzt, die in die Altäre eingelassen wurden. Das Volk sollte an denselben Orten, wo es einst »falsche Götter« verehrt hatte, zum wahren Gottesdienst kommen. An Märtyrerfesten könnten sie religiöse Festmähler halten, die an alte lokale Kultfeiern anknüpften, denn es sei unmöglich, Menschen mit so wenig Bildung alles auf einmal zu verbieten: »Wer einen Gipfel erklimmen will, tut dies langsam, schrittweise, nicht in Sprüngen«.

Gregor knüpft hier an eine alte römische Tradition an: Seit dem 4. Jahrhundert hatte die Kirche dazu ermutigt, heidnische Feste in christliche umzuwandeln. Wenn auch nicht alle christlichen Festtage auf heidnische Ursprünge zurückzuführen sind, so ist dennoch das Bemühen um eine Inkulturation des christlichen Glaubens nicht zu übersehen. Indem sie an örtliche Bräuche anknüpften, lösten sie umgekehrt eine harte Kontroverse innerhalb der jungen Kirche aus, den sogenannten Ritenstreit. Die Missionare machten sich jedoch weiter die heidnischen Kulte zunutze und formten die heidnischen Gewohnheiten in christliche um. Christliche Feiertage wurden – so ein gängiges Klischee aus der amerikanischen Volkskunde – exakt an die Stelle heidnischer Feste gesetzt. Samhain mit seinen starken Betonung des Übernatürlichen war von Grund auf heidnisch. Da die Missionare ihren Gott und die Heiligen mit heidnischen Gottheiten in Übereinstimmung brachten, brandmarkten sie die alten übernatürlichen Personen als Übel und brachten sie mit dem Teufel in Verbindung. Die Druiden, Repräsentanten des rivalisierenden Glaubens, wurden als Verehrer des Teufels gebrandmarkt und die Götter und Geister, die sie verehrten, als dämonisch eingestuft. Die keltische Unterwelt mutierte so zur christlichen Hölle. Damit waren die gedanklichen Wurzeln dafür gelegt, aus einem keltisch-heidnischen Fest ein christliches werden zu lassen. Diese Mutation soll seit dem 9. Jahrhundert stattgefunden haben. Aus dem Tag des keltischen Totengott Samhain wurde – vermutlich unter direktem oder indirektem irischem Einfluss - nach und nach das christliche Allerheiligenfest; der vermutliche heidnische Charakter des Feiertages wurde Stück für Stück verdrängt.

Der alte (heidnisch-keltische) Glauben starb jedoch nie aus. Die kraftvolle Symbolik der wandernden Toten war zu stark und zu intensiv mit der Psyche der Menschen verbunden, um ganz durch die abstrakten christlichen Vorstellungen verdrängt werden zu können. Die alten Bräuche, die mit Samhain verbunden waren, bestanden – so wird weiter gefolgert – auch nach der christlichen Umformung des Festes fort, vor allem in Irland. So sollen in manchen Gegenden Irlands bis ins 19. Jahrhundert zu Halloween Essen und Getränke vor die Türe gestellt worden sein. Im Laufe der Zeit erhielten die Vorstellungen jedoch zunehmend christlichen Charakter. Anstelle der Tore zur »Anderswelt« galten in der Nacht von Halloween nun die Pforten der Hölle als offen und Dämonen, Hexen und andere teuflische Wesen waren unterwegs, um ihr Unwesen zu treiben. Aus Angst vor unseligen Geistern brachten deshalb in Irland viele Menschen zu Halloween spezielle Kreuze, *Pershells* genannt, an den Wänden ihrer Häuser und Ställe an. Kleinkinder und Vieh wurden mit Weihwasser besprengt, um sie vor bösen Feen zu schützen.

Die Frage bleibt. Eine klare Antwort wird es nach dem bisherigen Stand der Forschung nicht geben können. Versuchen wir ein erstes Resümee, bei der wir uns auf zwei Wegen einer Antwort nähern werden. Lösungsansätze können uns – unter Hinzuziehung anderer Disziplinen – die Religionswissenschaft wie die historische Volkskunde erschließen.

Klären wir zunächst den Begriff des »Heidnischen«: Weit verbreitet ist die einseitige Charakterisierung heidnischer Kulte als Bilderverehrung und die Gleichsetzung von heidnischer Religion mit Zauberei. Das liegt in der Tatsache begründet, dass christliche Autoren in der Nachfolge der klassischen Antike den Begriff der *religio* für die eigene Form der Gottesverehrung in Anspruch genommen haben. Fremde und vergangene Kulte wurden als *superstitio* (Aberglaube) bezeichnet. Nach der Christianisierung des Römischen Reiches sah man demnach in außerchristlichen Glaubensvorstellungen und Praktiken häufig überlebende Formen der alten heidnischen Religion.

Unter Berücksichtigung unterschiedlichster christlicher Quellen, vor allem von Autoren in der Zeit nach Romanisierung und Christianisierung der Kelten, bleibt festzuhalten, dass manche der als heidnisch gebrandmarkten Bräuche in Wirklichkeit gar keine religiöse Funktion (mehr) besaßen. Die mittelalterlichen Autoren sind insofern kritisch zu beurteilen, als ihre Berichterstattung vor dem Hintergrund ihrer Kenntnisse und Absichten zu sehen ist. Ihre Schilderungen stammen aus einer Zeit, in der die keltischen Länder bereits auf eine mehrere hundert Jahre alte christliche Kultur zurückblicken konnten. Und schließlich hat die christliche Kirche – wir haben darauf hingewiesen – gegenüber der alten heidnischen Religion eine durchaus tolerante Haltung eingenommen.

Gibt es also eine kultische Kontinuität, ein Fortbestehen heidnischer, keltischer Kulte nach der Christianisierung? Konnten ehemalige keltische Rituale Eingang ins Christentum finden und bis in die Gegenwart tradiert werden? Der Erkenntnisfortschritt auf dem Gebiet der keltischen Religionsgeschichte ist angesichts der spärlichen Zeugnisse gering, so der Religionswissenschftler Bernhard Maier in seinem aktuellen Werk über die Religion der Kelten.

Unsere Informationen über den keltischen Festtag Samhain sind mehr als lückenhaft, und was wir wissen, stammt aus alten irischen Sagen, die zwischen dem 9. und 12. Jahrhundert aufgeschrieben wurden. Es kann nicht geklärt werden, ob sich Halloween aus dem keltischen Fest Samhain entwickelt hat und ob sich umgekehrt in der heutigen Festkultur alte heidnische und keltische Kulte widerspiegeln. Bereiche und Entwicklungen, über die man keine Aussagen machen kann, sind nicht auf der Grundlage phänomenologischer Vergleiche oder historischer Analogieschlüsse zu rekonstruieren, sondern gleichsam als weiße Flecken auf der Landkarte sorgfältig zu verzeichnen.

Aus volkskundlicher Sicht können keine Belege und Beweise vorgetragen werden, die den bisherigen Forschungsstand nachhaltig beeinflussen könnten. Aus anderen Bereichen der Volkskunde, insbesondere aus der Fastnachtsforschung, ist hinlänglich bekannt, dass sich neuzeitliche Bräuche, die man höchstens bis ins Mittelalter zurückverfolgen kann, keineswegs auf vorchristliche, das heißt heidnische Wurzeln zurückführen lassen. Angesichts unserer unzureichenden Kenntnis der keltischen Religion haben wir auch dort, wo eine Kontinuität vorchristlichen Brauchtums über den Glaubenswechsel hinaus plausibel erscheint, nur in den seltensten Fällen die Möglichkeit, die einstige Funktion, den Sitz im Leben und die Träger eines solchen Brauchs mit einiger Wahrscheinlichkeit zu ermitteln. Die einst weit verbreitete Methode, neuzeitlichen Bräuchen mit Hilfe ethnologischer Parallelen einen »ursprünglichen« Sinn zu geben, der lediglich in Vergessenheit geraten sei, kommt weder aus religionswissenschaftlicher noch aus volkskundlicher Sicht länger in Betracht. Die in den vergangenen Jahren zahlreicher gewordenen archäologischen Funde können zwar zur Interpretation herangezogen werden, eine grundlegende Erweiterung des Kenntnisstandes haben sie allerdings nicht gebracht.

Die aktuelle Instrumentalisierung der Annahme eines Fortlebens heidnischer Bräuche nach der Christianisierung steht in einer langen Tradition, die die Wiedergabe und Interpretation volkskundlichen Materials erheblich beeinflusst hat. Standen entsprechende Behauptungen im Mittelalter vornehmlich im Dienst kirchlicher und politischer Propaganda, so findet man seit dem Zeitalter der Glaubensspaltung immer häufiger Hinweise darauf, dass sie zu Zwecken der konfessionellen Polemik eingesetzt wurden. Die Protestanten waren die wahren Christen, die Katholiken dagegen Heiden, folglich waren alle Bräuche, die die Katholiken beibehielten – so beispielsweise die Fastnacht –, heidnisch. Darüber hinaus macht sich in der zweiten Hälfte des 18. Jahrhunderts in verstärktem Maße die Tendenz bemerkbar, tatsächliche wie auch vermeintliche Überreste der heidnischen Vorzeit als Ausdruck kultureller und nationaler Eigenständigkeit zu verherrlichen.

Ob sich also Zusammenhänge zwischen keltischer und christlicher Religion, zwischen keltischen und christlichen Feiertagen, zwischen Samhain, Halloween und Allerheiligen jemals verlässlich rekonstruieren lassen, ist fraglich. Spekulationen dieser Art sind mit einem hohen Unsicherheitsfaktor, aber mit einem bescheidenen Erklärungspotential verbunden. Die Quellen sind momentan noch so dürftig, dass auch phantasievolle Theorien wenig zur Erhellung beitragen. Die Anhänger des Events Halloween werden sich natürlich von diesen Gedanken nicht aus dem Konzept bringen lassen – Kelten hin, Kürbisse her.

Literaturauswahl

Benning, Maria Christiane: Alt-irische Mysterien und ihre Spiegelung in der keltischen Mythologie. Stuttgart o. J.

Birkhan, Helmut: Kelten: Versuch einer Gesamtdarstellung ihrer Kultur. Wien 1997.

Birkhan, Helmut: Kelten – und ihre Kultur. Bilder ihrer Herkunft. Wien 1999.

Danaher, Kevin: The Year in Ireland. Cork 1972.

Demandt, Alexander: Die Kelten. München 1998.

Haid, Oliver: Das Eindringen eines internationalisierten Festes in die Tiroler Jugendkultur – »Halloween« in Tirol. In: Tiroler Volkskultur, 48. Jg. (1996), S. 421-422; 458-459.

Haider, Friedrich: Tiroler Brauch im Jahreslauf. Innsbruck, Wien, Bozen 1990.

Hartmann, Hans A.; Haubl, Rolf (Hrsg.): Freizeit in der Erlebnisgesellschaft. Amüsement zwischen Selbstverwirklichung und Kommerz. Opladen 1996.

Johnson, Helen Sewell: November Eve Belief and Customs in Irish Life and Literature. In: Journal of American Folklore, 81. Jg. (1968), S. 133-142.

Joyce, James: Dubliner. Stuttgart 1994.

Joyce, Timothy J.: Celtic Christianity. A Sacred Tradition, a Vision of Hope. New York 1998.

Korff, Gottfried: Halloween in Europa. Stichworte zu einer Umfrage. In: Zeitschrift für Volkskunde, 97. Jg. (2001/2), S. 177-189.

Kruta, Venceslas: Die Kelten: Aufstieg und Niedergang einer Kultur. Freiburg, Basel, Wien 2000.

Kugelmass, Jack: Wishes Come True: Designing the Greenwich Village Halloween Parade. In: Journal of American Folklore, 104. Jg. (1991), S. 443-465.

Kugelmass, Jack: Masked culture. The Greenwich Village Halloween Parade. New York 1994.

Maier, Bernhard: Die Religion der Kelten. Götter, Mythen, Weltbild. München 2001.

Mitton, Michael: Restoring the Woven Cord. Strands of Celtic Christianity for the Church Today. London 1995.

Moore, John: Halloween in den Vereinigten Staaten. In: M. Scheinost (Hrsg.), Haube – Hausfrau – Halloween, Hildburghausen 1996, S. 85-91.

Mugnaini, Fabio: Hallowitaly. Vom Kult der Toten zur Karnevalisierung des Todes. In: Zeitschrift für Volkskunde, 97. Jg. (2001), H. II, S. 216-227.

Opaschowski, Horst W.: Deutschland 2010. Wie wir morgen leben – Voraussagen der Wissenschaft zur Zukunft unserer Gesellschaft. Hamburg 1997.
Raes, Jean: Die Säkularisierung. In: W. Kerber, Säkularisierung und Wertewandel. Analysen und Überlegungen zur gesellschaftlichen Situation in Europa. (Fragen einer neuen Weltkultur, Bd. 2), München 1986, S. 11-34.
Rees, Alwyn; Rees, Brinley: Celtic Heritage. Ancient Tradition in Irland and Wales. London 1961.
Riché, Pierre: Gregor der Große. Leben und Werk. München, Zürich, Wien 1996.
Santino, Jack: Halloween in America. Contemporary Customs and Performances. In: Western Folklore, 42. Jg. (1983), S. 1-20.
Schanz, Paul: Apologie des Christentums. 2 Bde., Freiburg i. Br. 1895/97.
Schilling, Heinz: Komet Halloween. In: Zeitschrift für Volkskunde, 97. Jg. (2001), H. 2, S. 273-280.
Schulze, Gerhard: Kulissen des Glücks. Streifzüge durch die Eventkultur. Frankfurt a.M. 2000.
Vögele, Wilfried: Zivilreligion in der Bundesrepublik Deutschland. Gütersloh 1994.
Vries, Jan de: Keltische Religion. (Die Religionen der Menschheit, Bd. 18), Stuttgart 1961.

CIP-Titelaufnahme der Deutschen Bibliothek

Dewald, Markus: Kelten – Kürbis – Kulte :

kleine Kulturgeschichte von Halloween / Markus Dewald.

– Stuttgart: Thorbecke, 2002

ISBN 3-7995-0106-1

www.thorbecke.de

1. Auflage 2002

 Dieses Buch ist aus alterungsbeständigem Papier nach DIN-ISO 9706 hergestellt.

Gestaltung: Finken & Bumiller, Stuttgart

Printed in Germany

ISBN 3-7995-0106-1